AFFAIRES

DE

LA PLATA

PÉTITION ET DOCUMENTS.

PARIS

1844

PÉTITION

DU COMMERCE FRANÇAIS DE LA RÉPUBLIQUE ORIENTALE DE L'URUGUAY

A. S. E. M. LE MINISTRE SECRÉTAIRE D'ÉTAT AU DÉPARTEMENT DES AFFAIRES ÉTRANGÈRES A PARIS *.

Monsieur le Ministre,

Lorsque M. le vice-amiral baron de Mackau conclut, le 29 octobre 1840, avec le gouvernement du général Rosas, le traité qui mettait fin au blocus établi par la France contre la Confédération Argentine, sans pour cela terminer la guerre destructive qui depuis plusieurs années désolait cette partie de l'Amérique Méridionale, nous élevâmes la voix pour faire comprendre tous les vices de ce traité. (Voir doc. nº 2, p. 13.)

Par une fatalité que nous ne saurions trop déplorer, nos plaintes furent repoussées, nos avertissements méprisés, et les ratifications échangées. Dès lors, ce fatal traité rentrant dans le domaine des faits accomplis, notre objet n'est pas d'y revenir.

Mais il nous sera sans doute permis d'exposer à V. E. la triste situation dans laquelle nous nous trouvons, par suite de cette convention du 29 octobre; car il nous semble impossible que le gouvernement de notre pays reste froid spectateur de la ruine d'une population aussi considérable que la nôtre, et nous osons le dire, si injustement abandonnée.

Par l'article 4 de la convention du 29 octobre, le gouvernement de la République Orientale était en droit de compter sur l'inviolabilité de son territoire, et nous, population française, de nous considérer comme paisibles possesseurs de nos biens acquis, ou d'entreprendre avec confiance les opérations commerciales pour lesquelles nous avons temporairement quitté notre pays.

Il n'en fut pas ainsi cependant ; Rosas, pour qui rien n'est

(*) Cette pétition a été remise à M. Guizot le 2 décembre 1843.

sacré, Rosas, le génie incarné de la destruction, et que les agents militaires de la France se sont tous obstinés à méconnaître, Rosas ne tarda pas à porter le trouble et la désolation parmi nous. Depuis le départ de M. le vice-amiral baron de Mackau, signataire du traité, au lieu de la paix durable qu'il nous avait promise, nous n'avons eu qu'une guerre d'extermination.

Le Gouvernement Oriental, bien pénétré que la paix seule pouvait assurer sa durée et le bonheur du pays, a demandé avec instance aux deux puissances les plus intéressées à sa prospérité, une intervention sans laquelle il sentait trop que son existence serait long-temps compromise. Des promesses flatteuses, des espérances stériles, sont tout ce qu'il a recueilli, et nous, population étrangère, nous souffrons aujourd'hui en proportion des maux qui retombent sur le gouvernement même.

Quoique cette question d'intervention armée ait été souvent soumise et démontrée aux cabinets des Tuileries et de Saint-James, il n'est cependant pas superflu de nous y arrêter. Qu'il nous soit donc permis de répéter que l'article 4 du traité du 29 octobre, fait une loi à la France de soutenir l'État Oriental, et qu'elle ne peut voir, d'un œil indifférent, que l'indépendance de ce pays, à une époque son allié, toujours son ami, soit foulée aux pieds par un despote aussi cruel que Rosas.

Que V. E. veuille bien considérer les liens qui existent entre la France et la République Orientale de l'Uruguay, et V. E. verra que ces liens sont désormais indissolubles, non seulement à cause de la nombreuse émigration qui s'est portée ici pendant les dernières années, et qui tend à s'accroître dans une très grande progression avec le rétablissement de la paix sur ces rives hospitalières, mais encore par l'accumulation des capitaux français sur le sol de l'État Oriental, et le développement toujours croissant de notre commerce dans le port de Montevideo (*).

(*) Une nouvelle circonstance, qui donne encore plus de poids à ce que

La population française qui, à la fin de **1840**, était évaluée à 5,000 âmes, peut aujourd'hui être portée au minimum de 15,000, puisque le chiffre des immatriculations, au consulat général de France, s'élève à 9,000, que ce chiffre ne comprend que les hommes adultes, et qu'il faut y ajouter les femmes et les enfants, extrêmement nombreux, surtout parmi les Basques. Toute cette population française, naguère dans l'aisance et parmi laquelle on comptait des familles riches, il y a seulement quelques mois, ressent aujourd'hui les atteintes de la misère. La plus grande partie de nos ouvriers et de nos hommes de peine, dont les salaires étaient, avant l'invasion, assez élevés pour leur permettre de faire des économies, sont aujourd'hui à la charge de ceux que la guerre n'a pas encore entièrement ruinés, ou, extrémité terrible, ont été contraints de prendre les armes pour ne pas mourir de faim.

Tels étaient les éléments de prospérité de l'État Oriental de l'Uruguay avant la guerre horrible que lui fait Rosas, que la population générale de la capitale a été doublée en moins de cinq ans. Elle est aujourd'hui de 50,000 âmes : 28,245 Européens sont arrivés à Montevideo, depuis 1838 jusqu'à la fin de 1841.

En 1839, *deuxième année du blocus* (et nous appuyons sur ce fait, parce qu'il donne un démenti formel aux per-

nous disons de l'intérêt avec lequel la France doit considérer ce pays, c'est la concession, faite récemment par le Gouvernement Oriental, de vingt lieues carrées de terre de labour, situées sur la côte ou sur les bords de rivières navigables, à répartir entre les étrangers qui se sont armés pour la défense de la ville. Les Français, formant au moins les trois quarts de ces étrangers, avec une population forte et laborieuse comme l'est la nôtre, bientôt des villages français, qui plus tard deviendront des villes, s'élèveront à 2,500 lieues de la France pour resserrer l'union entre les deux pays. Mais ces nouvelles colonies ne pourront prospérer que lorsque l'on rendra libre la navigation des rivières, ce qui n'aura jamais lieu tant qu'on ne nous garantira pas la paix avec Rosas qui, actuellement en possession de l'île de Martin Garcia, située au confluent du Parana et de l'Uruguay, est l'arbitre de notre commerce avec l'intérieur. La privation de l'Uruguay surtout, et de ses affluents, porte le plus grand préjudice à nos intérêts.

sonnages mal informés qui ont prétendu que les négociants de Montevideo avaient un intérêt direct à faire durer le blocus de Buenos-Ayres), il est entré à Montevideo 48 bâtiments français, et il en est sorti 45, d'un tonnage moyen de 186 tonneaux.

En 1842, *deux ans après la levée du blocus*, il en est entré 97 et sorti 98 d'un tonnage moyen de 210 tonneaux. Cela prouve que, non seulement il y a eu en trois années accroissement de plus du double dans le nombre des navires français entrés et sortis de Montevideo, mais encore qu'il y a eu une augmentation de 15 p. 0/0 dans la moyenne du tonnage. Cela prouve encore que nos marchandises d'encombrement, sans lesquelles il n'y a pas de progrès dans la navigation marchande, trouvent ici un débouché prompt et avantageux. En effet, du seul port de Bordeaux, il a été expédié, en 1842, directement pour Montevideo, 21 bâtiments chargés de vins. Nous disons directement, parce qu'on en a expédié un plus grand nombre qui a fait échelle à Bayonne ou au passage, pour y prendre des émigrants basques.

On a vu par les états de navigation, publiés dans le journal du Havre, au commencement de cette année, que 22 navires ont été expédiés de ce seul port pour la Plata, pendant l'année 1842. Sur ces 22 navires richement chargés, 16 sont entrés à Montevideo, et y ont laissé la plus grande partie de leurs cargaisons, malgré l'incertitude des événements et la crainte d'une invasion de barbares.

Le commerce général d'importation et d'exportation a suivi la même progression. En 1839, les importations ont été, d'après les relevés de la douane de Montevideo (relevés toujours beaucoup au dessous de la vérité pour des causes que nous n'avons pas à examiner ici), de 31,000,000 de fr., et les exportations de 37,000,000.

En 1842, les importations se sont élevées à 42,500,000 fr., et les exportations à 44,000,000 de francs. (Voir documents n° 3 et 4, p. 15 et 16.)

Enfin, comme un fait qui nous paraît concluant, nous ferons remarquer qu'il y avait, au 10 septembre de l'année dernière, 116 navires étrangers dans le port de Montevideo, tandis qu'on n'en comptait que 50 dans celui de Buenos-Ayres. Et cependant rien n'entravait le commerce de cette dernière place ; au contraire, la Confédération Argentine possédait et possède encore une escadre qui domine les eaux de la Plata. Mais ici, la confiance règne parmi les spéculateurs, tandis qu'à Buenos-Ayres, où toutes les fortunes des négociants créoles, même celles des étrangers qui n'ont pas de consuls accrédités, sont à la merci du despote qui fait gémir le pays sous son sceptre ensanglanté, on ne va qu'avec hésitation. Le commerce se portant naturellement là où les institutions politiques le protègent et le favorisent le plus efficacement, la différence entre les deux gouvernements explique la préférence donnée à Montevideo. (Voir document n° 5, p. 16.)

Il nous paraît superflu d'insister davantage sur les progrès rapides du commerce et de la population dans la République de l'Uruguay. Nous ferons seulement remarquer que le commerce de la Plata est un des plus avantageux à la France, un de ceux qui rapportent le plus au trésor, toute proportion gardée, parce que c'est un commerce spécial, c'est-à-dire, que presque tous nos articles d'importation ici proviennent du sol, de l'industrie, ou des manufactures de la France, fort peu des entrepôts ou du transit. De même, les articles d'exportation de la Plata sont presque tous destinés pour la consommation de la France.

Il n'en est pas ainsi des autres productions de l'Amérique qui ne profitent guère qu'au commerce d'entrepôt et de transit, et notamment les provenances du Mexique, du Brésil, du Pérou et du Chili. Cette seule considération doit fixer l'attention des chambres de commerce et du gouvernement.

Que sera-ce donc lorsque le fléau de la guerre aura cessé de désoler ces riches contrées, lorsque la pacification des deux rives de la Plata aura fait renaître la confiance parmi les capitalistes et les spéculateurs? De grandes choses se préparent, de vastes projets s'élaborent et se mûrissent en silence. L'introduction des bâtiments à vapeur dans la Plata et ses affluents doit opérer une révolution complète dans son commerce comme dans la politique de ses gouvernements, et déjà nous éprouverions les bienfaits de ce mode de navigation, si la guerre impie que nous fait Rosas n'avait contraint à renvoyer ces entreprises coûteuses jusqu'au jour où nous recouvrerons notre indépendance et notre tranquillité.

Une paix serait fort incomplète, si la France et l'Angleterre n'en assuraient la durée. Par une erreur bien déplorable, on s'obstine à traiter Rosas avec une considération, une déférence même qu'il n'a jamais méritées. Ou bien peut-être les deux puissances européennes se sont-elles imaginé qu'un gouvernement *fort*, comme elles supposent celui de Rosas, est le seul qui convienne à ces pays. Erreur nouvelle! erreur bien funeste et qui a causé tous nos maux. Rosas, depuis quatorze ans qu'il a toute la somme du pouvoir, a jusqu'à présent été inhabile à rétablir la paix dans la Confédération Argentine. Il y a plus encore : comme sa mission est de détruire et non de fonder, après avoir ruiné son propre pays, il est venu porter la dévastation dans la République Orientale. Nous le demandons, nous qui habitons depuis vingt ans les bords de la Plata, quel est le gouvernement *faible* qui a fait autant de mal? Quelles sont les révolutions dont les conséquences ont été aussi funestes à l'Amérique du Sud, depuis la Bolivie jusqu'à l'embouchure de la Plata, que l'est la puissance de Rosas? Jamais, avant le règne de ce tyran, jamais les révolutions n'avaient arrêté les entreprises commerciales; jamais nos rapports avec les provinces de l'intérieur n'avaient été interrompus; jamais aucun blocus n'avait mis obstacle à la navigation des rivières intérieures. Tous ces fléaux, il faut bien le reconnaître, nous ont été apportés par Rosas. Toute paix avec ce chef serait donc illusoire, si la France et l'Angleterre ne s'unissent pour arrêter et maintenir des garanties que le despote de Buenos-Ayres méconnaîtra toujours, si une puissance plus forte que la sienne ne les fait respecter.

Une des conséquences naturelles et avantageuses de la paix serait la libre navigation des rivières; car le droit de suzeraineté que Rosas s'arroge sur l'Uruguay, le Parana, et même le Paraguay, est encore une de ces prétentions exorbitantes que lui seul a l'audace de concevoir (voir document n° 6, p. 23). Tant que Rosas persistera à en exclure les étrangers, au mépris du droit des nations, au grand détriment des États riverains, tels que la Bolivie, le Paraguay et le Brésil, le commerce de ces parages ne prendra jamais cet élan gigantesque qui change en peu d'années les destinées d'un peuple. Il se trouvera forcément circonscrit dans un cercle vicieux que le système anti-civilisateur de Rosas tendra toujours à rétrécir de plus en plus. Il faut, en un mot, que les gouvernements de France et d'Angleterre tranchent d'un seul coup ce fameux nœud gordien, pour n'avoir plus à y revenir. (Voir document n° 7, p. 25.)

Sans prétendre nous immiscer dans la politique du gouvernement du roi, il nous sera peut-être permis de faire observer à V. E. que la France, en plaçant sous sa protection les îles Marquises et les îles d'Otaïti, est allée bien loin établir des relations coûteuses, lorsqu'elle avait dans le pays que nous habitons, non pas une colonie, souvent plus dispendieuse que profitable à la mère-patrie, mais un marché productif pour nos manufactures et les produits de notre sol. Ici, sans courir les chances d'établissements à former, de mœurs à créer, de dépenses à satisfaire, la France trouvait des ressources immenses, fruits de relations établies depuis long-temps et des garanties qu'offre un gouvernement régulièrement institué. Ici, nous ne demandons que la paix pour obtenir tous les avantages que le pays offre en abondance. Aux îles Marquises et à Otaïti, au contraire, il est probable que nous n'arriverons à un résultat heureux qu'à la suite de guerres locales, dans lesquelles nous aurons à dépenser beaucoup d'argent et surtout beaucoup de sang. Ici, comme nous l'avons déjà dit à V. E., la paix dépend d'un seul homme. Est-il possible qu'un gouvernement comme celui de la France recule devant la faible tâche de la rétablir ? Si la pensée d'arracher à la barbarie des contrées lointaines comme les îles Marquises et Otaïti, fait honneur à la France, que ne dira-t-on pas d'elle, si, par son abandon, elle laisse s'y replonger une République naguère florissante, comme l'était l'état Oriental? Et c'est vers un pareil résultat que nous marchons, si le cabinet des Tuileries n'intervient dans la question actuelle; car, malgré la victoire qu'il est probable que nous obtiendrons, si Rosas reste au pouvoir, si une main puissante n'est là pour l'arrêter, il est à craindre qu'il ne revienne plus tard achever l'œuvre de destruction qu'il a déjà si cruellement commencée *.

Il est plus que temps, monsieur le ministre, que la France soit représentée par des hommes énergiques et revêtus de pouvoirs assez étendus pour prendre sur eux l'initiative dans les questions comme celle dont nous nous occupons en ce moment. Que sert que nous appartenions à une nation puissante, si, au jour du danger, nous manquons d'appui? Que sert que notre ministre plénipotentiaire à Buenos-Ayres lance sa note du 16 décembre, si sa note n'est qu'une vaine feuille de papier? Que sert qu'un vice-amiral vienne sur notre rade, à la tête de forces imposantes, si, lorsque nous lui demandons protection, il nous répond que les instructions lui manquent? Et c'est cependant ce qui nous est arrivé. En réponse à l'adresse (voir document nº 8, p. 42), aussi respectueuse que pressante, que nous présentâmes à M. l'amiral Massieu, nous n'en avons obtenu que l'annonce d'un blocus reconnu par lui, au nom de la France, et la permission de nous retirer sur ses navires, s'il nous fallait quitter le pays (voir document nº 9, p. 44). Et ce n'était rien que les souffrances d'un bombardement, les horreurs d'une famine prochaine; nous avions sans cesse devant les yeux le spectacle des tortures dont nous menaçait Oribe (voir documents nºs 10

(*) Rosas ayant eu la velléité de se faire rendre les honneurs royaux, les vingt-deux bâtiments de guerre étrangers mouillés sur la rade et dans le port de Montevideo, l'ont salué le 30 mars 1843, jour anniversaire de sa naissance, de vingt et un coups de canon. Un mois après, jour de la fête du roi, le pavillon français fut aussi salué, pour la fête du roi, par tous ces mêmes bâtiments... *excepté par ceux de Rosas!*... Cette circonstance doit être consignée sur les notes de M. l'amiral Massieu de Clerval.

et 11, p. 47 et 48), tortures d'autant plus horribles qu'il les aurait étendues à nos femmes et à nos enfants. Que pouvions-nous faire dans une position si cruelle? Prendre les armes pour défendre nos propriétés et surtout nos familles, pour chasser, s'il était possible, l'ennemi de notre repos. Et nous nous sommes armés!

Notre prise d'armes nous donnait la chance de nous protéger contre les soldats de Rosas; mais la crainte de la famine nous inquiétait encore, lorsque le commodore anglais Purvis, donnant à l'amiral un exemple qu'il n'aurait pas dû attendre, rejeta le blocus que les ministres, les consuls, les commandants étrangers (le consul de S. M. B. seul excepté), avaient trop facilement reconnu, puisque, après plus mûre délibération, ils l'ont rejeté. Cette acceptation du blocus n'est cependant pas le plus grand tort que nous ayons à reprocher à notre propre consul. Sa conduite injustifiable, en répandant de l'argent parmi la population française pour enlever des soldats à notre légion, nous autorise à croire qu'il est mal disposé envers nous; car il est évident que la désunion qu'il provoque pourrait, suivant la gravité des circonstances, dégénérer en guerre civile. M. le consul Pichon pouvait se croire dans son droit, en s'opposant à notre prise d'armes, même lorsqu'il s'était déjà convaincu que nous n'avions agi que pour nous protéger nous-mêmes, puisque nous ne pouvions plus compter, ni sur lui, ni sur l'amiral; mais encore notre armement, devenant un fait accompli, aurait-il dû ne mettre aucune entrave au développement d'une mesure regardée comme purement conservatrice.

Quelque sévère que soit notre langage, quelque sérieuses que puissent paraître les accusations que nous portons contre lui, sa conduite est là; les preuves en seront fournies, qui attesteront si nous avons le droit de le traduire au tribunal de notre pays. (Voir document n° 12, p. 49.)

Ainsi délaissés par les autorités françaises, auxquelles nous ne demandions que quelque adoucissement à nos maux, que protection contre notre ennemi, nous n'avons reçu de soulagement aux uns que lorsqu'un commodore étranger, jaloux de l'honneur de son pays et du respect dû à sa souveraine, s'est élevé noblement contre les prétentions barbares du proconsul de Rosas ; nous n'avons obtenu l'autre qu'en nous faisant soldats. (Voir document n° 13, p. 61.)

Jusqu'à présent, le nom français avait, à l'étranger, protégé ceux qui le portent. Il est affligeant de voir que quinze mille sujets du roi ne puissent aujourd'hui trouver protection sous le pavillon de la France, et qu'ils soient forcés de s'armer eux-mêmes, eux paisibles industriels, lorsque leur pavillon est soutenu par cent cinquante canons envoyés pour les protéger.

Nous le répétons, monsieur le ministre, il est temps que notre pays soit dignement représenté, que nos intérêts soient efficacement garantis ; et ce n'est ni un ministre que Rosas insulte, ni un consul hostile au gouvernement auprès duquel il est accrédité, et à ses nationaux dont on prétend qu'il est l'appui, ni un amiral qui nous abandonne à toutes les horreurs d'un bombardement, à toutes les souffrances de la famine ; ce ne sont, disons-nous, ni un tel ministre, ni un tel amiral, ni un tel consul, que la France doit employer dans ces contrées lointaines. (Voir document n° 14, p. 63.)

Le gouvernement du roi, nous l'espérons du moins, ne rejettera pas les doléances de tant de Français qui ne demandent que le rétablissement de l'ordre et de la tranquillité. Le gouvernement du roi ne refusera pas, sans doute, de concourir au maintien de la paix, de la paix, seule faveur que nous implorions. Quoi qu'on ait pu dire contre la population française des rives de la Plata, sous quelques couleurs qu'on l'ait représentée, les faits sont là pour attester que cette population française a été laissée sans défense et qu'on ne lui a offert qu'un asile à bord de quatre bâtiments de guerre composant la station devant Montevideo (*), asile

(*) En supposant que tant de monde pût être contenu dans un si petit espace, qu'en aurait-on fait? quels vivres aurait-on trouvés? que seraient devenues les marchandises, les créances, les propriétés?... Et ces quinze mille Français déposés au Brésil, point le plus rapproché (en supposant qu'on eût pu les y conduire), comment y auraient-ils vécu? Et M. l'a-

impossible, protection illusoire, parce qu'on n'entasse pas quinze mille personnes, hommes, femmes et enfants, à bord de quatre bâtiments (*). (Voir document n° 15, p. 70.)

Cette population calme, jusque là laborieuse, amie de l'ordre et des institutions bienfaisantes de cette République, cette population, jusqu'alors inoffensive, a été poussée à bout par des hostilités directes contre elle. On a voulu la forcer, par la misère et par la faim, à se soulever et à tourner ses armes contre le gouvernement hospitalier auquel elle doit tout, son présent et son avenir. Suivre la voie dans laquelle on voulait l'engager eût été une trahison infâme, digne de la politique machiavélique d'un Rosas, mais indigne de la

miral qui avait proposé ce moyen, sans prendre la peine d'y réfléchir, n'a pas eu le courage de revenir sur une réponse aussi désespérante! — M. l'amiral a assumé sur sa tête une responsabilité effrayante...

Et comme il faut dire toute la vérité, comme il faut enfin que les ministres du roi sachent quels sont les hommes qui représentent au loin leur pays, nons dénonçons ici le commandant de la frégate l'*Atalante*, M. G. Lemarié, comme hostile à ses compatriotes, en s'efforçant d'exciter contre eux l'amiral. Lors de la présentation de notre adresse, l'un de nous disait à l'amiral que cette guerre de destruction lui coûtait déjà plus de 10,000 piastres; M. Lemarié, qui se trouvait là, lui répondit d'un ton que nous nous abstenons de qualifier : « Vous êtes fort heureux de pouvoir « perdre, cela prouve que vous n'êtes pas sans ressources. » Plus tard, ce même *capitaine de vaisseau* dit à l'amiral que s'il voulait lui donner le commandement de cinq cents marins, *il se chargeait* de faire déposer les armes à la population française. Ainsi, puisque nous ne voulons pas abandonner notre sang à Oribe, c'est M. Lemarié, commandant français, qui aurait voulu le répandre, si l'amiral l'eût permis. Du reste, il est consolant pour nous de dire, et il le sera pour notre pays, d'apprendre que, loin de partager les sentiments de M. Lemarié, tous les officiers et marins de notre escadre font des vœux constants pour le succès de leurs frères en danger... Honneur à eux!

(*) Lorsque nous apprîmes l'arrivée à Rio de S. A. R. le prince de Joinville, nous eûmes un moment d'espérance; nous nous flattions que, si près de nous, S. A. R. daignerait nous visiter; mais des exigences auxquelles le prince, sans doute, a dû souscrire, ne lui ont pas permis de venir dans la Plata. Il nous reste la consolation de croire que S. A. R. n'a pas été insensible à notre situation, et qu'elle s'intéressera à notre sort lorsqu'elle reverra son auguste père.

loyauté et des sympathies du peuple français. Elle s'est levée, puisqu'on l'y a forcée. Mais elle proteste, à la face du ciel et de la terre, qu'elle n'est mue par aucun désir de se mêler aux luttes des parties, ni de se constituer juge de la guerre actuelle. Qu'on la mette à l'abri des attaques de Rosas et d'Oribe, et elle cessera d'être offensive (v. doc. nº 16, p. 98.); mais elle déclare en même temps que, jusqu'à ce que le gouvernement français lui accorde la protection efficace et durable à laquelle elle a droit de prétendre, tant que cette guerre désastreuse continuera, elle courra la chance des combats.

A tous ces titres, elle se croit digne de la haute et puissante protection de la mère-patrie, et elle attend avec confiance, monsieur le ministre, le résultat de ses justes réclamations auprès du gouvernement du roi.

C'est avec le plus profond respect que nous avons l'honneur d'être, monsieur le ministre,

De Votre Excellence,

Les très humbles et très obéissants serviteurs.

(*Suivent les signatures.*)

DOCUMENT Nº 1.

PROCLAMATION.

Les marins de l'escadre française étant descendus à terre, sur la demande du gouvernement oriental, pour défendre au besoin la ville de Montevideo contre les forces de l'ennemi commun, le gouverneur de Buenos-Ayres, les Français qui se sont présentés, et ceux qui voudront se présenter pour prendre les armes et se réunir à eux sous le pavillon national, sont invités à se rendre demain dimanche, à **11** heures du matin, sur la Grande Place, ou les jours suivants, chez M. le consul de France (*).

LEBLANC, BUCHET-MARTIGNY, R. BARADÈRE.

Montevideo, le 12 octobre 1839.

DOCUMENT N° 2.

PROTESTATION.

Ministère des Relations extérieures.

Le Président de la République orientale de l'Uruguay,

A tous ceux qui ces présentes verront, fait savoir :

Que, dans la copie authentique de la convention arrêtée et conclue le 29 octobre dernier entre M. le vice-amiral baron de Mackau, plénipotentiaire de S. M. le roi des Français, et le gouvernement de Buenos-Ayres, que ledit amiral a fait remettre aujourd'hui 3 novembre, à onze heures et demie du matin, au ministère des relations extérieures, on voit que le plénipotentiaire français s'oblige et s'engage à remettre, huit jours après la ratification de ladite convention, avec leur matériel d'armement, les navires de guerre (le brick *San-Martin* et la canonnière *Portena*), pris dans la rivière de *la China*, par les forces navales *de la République*, auxquelles s'était joint le bâtiment de guerre *la Forte*, et qu'il a offert également d'évacuer dans le même espace de temps l'île de Martin-Garcia. Ces navires se trouvaient désarmés, dégarnis de leur matériel de guerre et coulés à fond : suivant l'avis donné par le commandant des forces de la Répu-

(*) Deux mille Français répondirent à cet appel et s'organisèrent sous le commandement de M. Olivier, capitaine du brick l'*Alerte*. Cette démonstration fut cause que Rosas ne put pas s'emparer de Montevideo. Voilà ce que le dictateur de Buenos-Ayres n'a jamais pu pardonner aux Français établis dans l'Etat Oriental. Qu'on ne vienne plus dire que ce sont les Français qui se sont immiscés dans les querelles intestines de ce pays. S'il y a quelqu'un de coupable, ce sont nos agents et non pas nos nationaux, qui ont toujours cru avoir fait, en cette occasion, acte de patriotisme.

blique, dans le rapport qu'il adressa au Gouvernement le 11 avril 1839, M. le contre-amiral Le Blanc dépensa des sommes considérables pour réparer le brick *San-Martin*, comme cela doit conster au consulat de France. L'escadre française garda le brick *San-Martin*, et la canonnière *Portena* resta à l'escadrille de la République. L'île de Martin-Garcia fut attaquée et prise par les forces combinées de la France et de la République : celle-ci y a conservé une petite garnison, et son pavillon y flotte à côté du pavillon français. Le plénipotentiaire français a pu déposséder son pays, mais il n'a pu, sans violer des droits que toutes les nations respectent, dépouiller la République de la possession de l'île dont elle jouissait, ainsi que de la part qui lui correspondait dans l'armement qu'on y avait saisi. La République, à la sollicitation de M. le contre-amiral Le Blanc, et se fiant à la loyauté française, diminua la garnison de l'île, et négligea de s'y fortifier.

Si M. l'amiral Mackau livre au gouverneur de Buenos-Ayres ces bâtiments en état de service et armés, s'il évacue l'île de Martin-Garcia sans donner au Gouvernement le temps suffisant pour la mettre en état de défense, M. l'amiral commet contre la République deux actes d'hostilité, non seulement gratuits, mais encore non mérités ; car jusqu'à présent le Gouvernement oriental n'a rendu que de fréquents et importants services à la France. Le Gouvernement oriental, pour son honneur, pour le respect que l'on doit à toute nation indépendante, qu'elle soit grande ou petite, forte ou faible, ne peut passer cet acte sous le silence qu'il s'est proposé de garder sur tous ceux du plénipotentiaire français, sans opposer la plus formelle protestation, comme il le fait par le présent document, aux fins que le droit, la raison et la justice autorisent.

Donné et daté à Montevideo, le 4 novembre 1840.

Signé : Fructuoso Rivera, Francisco A. Vidal.

Conforme, signé : Juan A. Gelly, secrétaire en chef des ministères de l'intérieur et des affaires étrangères.

DOCUMENT N° 3.

TABLEAU DES EXPORTATIONS

DES PRODUITS DE LA RÉPUBLIQUE DE L'URUGUAY POUR LES PORTS DE FRANCE PENDANT LES ANNÉES 1838, 1839, 1840, 1841 ET 1842,

D'APRÈS LES RELEVÉS OFFICIELS DE LA DOUANE DE MONTEVIDEO.

NATURE DES MARCHANDISES.	1838		1839		1840		1841		1842	
	QUANTITÉS en poids et mesures du pays.	VALEUR en piastres courantes.	QUANTITÉS en poids et mes. du pays.	VALEUR en piastres courantes.	QUANTITÉS en poids et mesures du pays.	VALEUR en piastres courantes.	QUANTITÉS en poids et mes. du pays.	VALEUR en piastres courantes.	QUANTITÉS en poids et mesures du pays.	VALEUR en piastres courantes.
Cuirs secs	94,892 peaux.	284,676	155,335 peaux.	466,005	126,525	379,575	100,607	319,821	149,705	449,295
Cuirs salés	28,477	113,908	86,818	347,272	72,505	290,020	132,272	529,088	149,800	599,440
Cornes	31,378 cornes.	941	49,868 corn^s.	1,496	112,490	3,375	255,084	7,652	228,180	6,846
Laine	9,415 arrobes.	16,475	4,072 arr^s.	8,144	16,160	32,320	25,320	50,640	32,800	49,200 (1)
Graisse	1,800 *id.*	3,150	1,568 *id.*	2,744	48	84	»	»	»	»
Crin	17,170 *id.*	68,080	7,406 *id.*	29,624	20,380	81,520	13,488	53,952	101,168	48,504 (2)
Peaux de cheval	135 peaux.	202	202 peaux.	»	1,209	1,813	30	45	585	878
Os	48 tonneaux.	384	136 tonn.	952	2	14	53	371	268	1,876
Peaux de mouton	1,197 douzaines.	2,005	»	»	50	100	56	112	1,172	2,344
Suif	5,986 arrobes.	10,475	1,306 arr^s.	2,285	3,963	6,935	7,778	13,671	5,224	10,448
Peaux de loutre	51 douzaines.	127	»	»	»	»	»	»	858	2,145
Rognures de cuirs	504 arrobes.	189	2,024 *id.*	759	1,484	605	4,488	1,683	4,576	1,716
Plumes d'autruche	»	»	»	»	1,954	733	»	»	2,380	893
Peaux de veau	»	»	»	»	»	»	800 peaux	800	25,510	51,020
Peaux de veau mort-né	»	»	»	»	»	»	202 douz^s.	202	125	250
		501,302 p. 2,215,755 fr.		859,281 p. 3,798,022 fr.		797,092 p. 3,523,147 fr.		977,977 p. 4,322,658 fr.		1,224,858 p. 5,413,859 fr.

OBSERVATIONS.

La piastre courante vaut.. 4 fr

La piastre forte étant à... 5 fr.

(1) La laine, estimée à 2 p. ar les quatre premières années, ne qu'à 12 réaux en 1842, ce qui ex la disproportion qui existe entre leur et la quantité exportée dans dernière année.

(2) Même observation à l'égard de qui n'a été estimé qu'à 3 p., en 18 lieu de 4 p., comme antérieuremen ces deux seuls articles il y a eu n duction de plus de 32,000 p., diminue d'autant la valeur totale d portations.

En 1839, deuxième année du de Buenos-Ayres....... 3,798,0

En 1842, deux ans après la levée du blocus...... 5,413,8

Accroissement en 1842. 1,615,8

Dans ces deux dernières an *années de guerres continuell* commerce français a plus que blé à Montevideo. Que sera-ce, qu'une paix stable lui permett se développer sans entraves s bienfaisante influence d'un go nement ami et protecteur.

DOCUMENT N° 4.

TABLEAU DES EXPORTATIONS

DES PRODUITS DE LA RÉPUBLIQUE ORIENTALE DE L'URUGUAY PENDANT L'ANNÉE 1842,

D'APRÈS LES RELEVÉS OFFICIELS DE LA DOUANE DE MONTEVIDEO.

NATURE DES MARCHANDISES exportées.	QUANTITÉS. en poids et mesures du pays.	QUANTITÉS. en kilogmes.	PRIX D'ÉVALUATION de la douane réduit en francs.	VALEUR en FRANCS.		OBSERVATIONS.
			fr. c.	fr.	c.	
Cuirs secs	780,097 peaux.	»	13 26 pièce.	10,344,086	22	La piastre courante éva-
Cuirs salés	638,454 *id.*	»	17 68	11,287,336	32	luée à 4 fr. 42 c. — Le
Peaux de cheval	60,904 *id.*	»	6 63	403,793	52	patacon, ou piastre
Peaux de veau	100,583 *id.*	»	8 84	889,153	72	forte étant à 5 fr. 30 c.
Graisse	111,801 arrobs.	1,284,034	8 84 arrs.	988,320	84	L'arrobe est de 11 ko 485.
Os	4,444 tonnes.	4,083,147	30 94 tons.	137,497	36	Le tonneau, de 918 ko 80.
Huile de jument	2,690 arrobs.	30,895	6 63 arrs.	17,834	70	
Crin	26,462 *id.*	303,916	13 26	350,886	12	
Cornes	946,955 cornes.	»	132 60 mille.	126,566	25	
Laine	96,540 arrobs.	1,108,762	6 63	640,060	20	
Peaux de mouton	3,341 douzs.	»	8 84 douzs.	29,534	44	
Rognures de cuirs	8,019 quint.	368,393	4 42 quint.	35,443	98	Le quintal, de 45 ko 94.
Cendres	1,109 tonnes.	1,018,949	35 36 tons.	39,214	24	
Suif	18,198 arrobs.	209,003	8 84 arrs.	160,870	32	
Peaux de veau mort-né.	424 douzs.	»	8 84 douzs.	3,748	16	
— de loutre (Ragondius).	938 *id.*	»	11 05	10,364	90	
Viande salée	513,641 quint.	23,596,668	13 26 quint.	6,810,879	66	
Tripes salées	121 barils.	»	26 52 bars.	3,208	92	
Viande salée	150 barils.	»	35 36 bars.	5,304	»	
Chandelles, suif.	2,065 caisses.	»	13 26 caisse.	27,381	90	
Langues salées	170 douzs.	»	4 42 douzs.	751	40	
Mules	470 mules.	»	88 40 pièce.	41,548	»	
Plumes d'autruche	2,388 livres.	1,093	1 66 liv.	3,950	80	La livre de 0 4594 grams.
Divers articles		»	»	1,375	05	
				32,559,111	»	

N. B. La différence qui se trouvera entre la somme totale portée dans ce tableau et celle qui figure dans la pétition au ministre provient de ce que, pour celle-ci, le change a été calculé à 5 fr. 50 c., taux moyen auquel il a effectivement été pendant le courant de l'année 1842. La même observation s'applique aux calculs du tableau des exportations pour les ports de France.

DOCUMENT N° 5.

État de la Banque dite Nationale, *et des Fonds publics à Buenos-Ayres, en* 1843.

Parmi les causes qui tendent à donner au marché de Montevideo une préférence marquée sur celui de Buenos-Ayres, le discrédit de la ci-devant Banque nationale n'est pas une des moindres. Et, en effet, la décadence de cette dernière place est d'un haut enseignement pour les gouvernants et pour les peuples.

La banque de Buenos-Ayres, originairement la propriété particulière de quelques négociants nationaux et étrangers (ceux-ci en plus grand nombre), fut exclusivement établie en 1822 pour les besoins du commerce. Elle s'appuyait sur un capital d'un million de piastres fortes, et ses billets étaient reçus au pair; pendant long-temps ils ont même été préférés à l'or et à l'argent, par la facilité qu'ils offraient dans les mouvements de caisse.

En 1828, le Gouvernement, autorisé par le congrès général, s'empara de la banque particulière pour en faire une banque nationale; il donna pour excuse les exigences de la guerre avec le Brésil, et lui assigna un capital de dix millions, qui n'atteignit cependant que cinq millions, répartis comme suit : Capital fourni par el Gouvernement, trois millions; actionnaires particuliers, un million, et capital primitif, un million.

La continuation de la guerre avec le Brésil fit tomber ce papier de 45[d.] à 12[d.]; la paix le remit à 24[d.], et la guerre civile de 1828 à 1829 le fit tomber de nouveau à 7[d.] Cette guerre ne dura que neuf ou dix mois. La chute de Lavalle appelant Rosas au pouvoir, celui-ci, avec un peu d'habileté, aurait facilement rétabli le crédit de la banque; mais cet homme détruit tout ce qu'il touche. Aussi, loin que le capital de la banque se soit augmenté sous son administration, cet établissement n'offre même plus aujourd'hui aucune garantie; la piastre ne vaut, depuis long-temps, que 3[d.], et le montant de ses obligations n'est pas moindre de 48,058,540 piastres, qu'il serait absolument impossible de rembourser. Le total des émissions *avouées* est de 84,498,290 piastres; mais Rosas ne dit jamais tout, lorsque la connaissance de la vérité peut lui nuire; il prétend aussi qu'il y a eu pour 36,439,750 piastres de billets perdus et brûlés; c'est encore une chose fort douteuse (*).

(*) *Gaceta mercantil de Buenos-Ayres* (journal officiel de Rosas) du 3 juillet 1843. Cette gazette présente ainsi les comptes : « Recette générale. » Vive la Confédération argentine! *Mort aux sauvages unitaires!* telles sont les nouvelles mœurs imposées par Rosas au malheureux pays qu'il tient sous son joug.

Non seulement Rosas a étendu la circulation de son papier-monnaie de la seule province de Buenos-Ayres à tout le territoire composant la soi-disant Confédération Argentine sur la rive droite de la Plata, mais il a même voulu le faire admettre au-delà du Parana, dans l'Entre-Rios et Corrientes, et son audacieuse folie a rêvé son introduction dans la république orientale de l'Uruguay, maintenant envahie par lui. Ses billets de banque ont été importés à la Colonia par l'armée d'invasion : ils n'y ont heureusement eu aucun succès.

En présence de pareils faits, le Gouvernement français ne restera pas impassible; si cependant il était encore sourd au cri de nos intérêts commerciaux menacés d'une totale ruine, c'est aux chambres de commerce à remplir leur devoir.

A l'époque de l'émancipation de l'Amérique méridionale, la province de Buenos-Ayres était assez riche, non seulement pour subvenir à tous les frais de la guerre de l'indépendance de l'ancienne capitainerie de ce nom, mais encore pour défrayer les armées du Chili, une partie de celles du Pérou, et, plus tard, pour donner la liberté à la Banda orientale, occupée depuis long-temps par les forces de l'empire du Brésil.

Mais loin que son indépendance ait assuré sa prospérité, loin que la liberté de son commerce ait augmenté ses ressources, la province de Buenos-Ayres se trouve, après trente-trois ans d'émancipation, en état de banqueroute, ou à peu près, puisque le papier de sa banque nationale est tombé de 45 d. à 3 d., et que cette banque n'existe plus depuis plusieurs années, sans que ses notes aient été, pour cela, retirées de la circulation; que les fonds publics, constituant sa dette consolidée, s'élèvent à environ 30,000,000 piastres (*) d'une valeur imaginaire; que les hy-

(*) Extrait du *British Packet* (journal anglais à la solde de Rosas), du 8 juillet 1843.

	4 p. °/₀	6 p. °/₀
Fonds publics hors de la circulation, appartenant à des corporations et des établissements pieux.	146,923	724,202
Fonds publics non réclamés.	10,397	7,438
Fonds publics en circulation.	1,337,000	27,356,001
	P 1,494,320	28,087,641
4 °/₀ convertis en 6 °/₀.		996,21
		29,083,853

pothèques données en garantie d'un emprunt d'un million de livres sterling ont été aliénées, sans que ni le capital, ni même les intérêts, depuis l'année 1826, aient jamais été payés; puisqu'enfin la dette publique est en ce moment d'environ 162,000,000 piastres (*), et que chaque année amène un déficit dans les coffres de l'État.

Et pourtant, depuis la question avec le Brésil, terminée en 1828, jusqu'au blocus déclaré par la France, dix ans plus tard, aucune guerre étrangère n'avait pesé sur le pays. Toute cette décadence est le résultat du système de Rosas, des guerres intestines qu'il n'a cessé de fomenter dans les provinces, et, depuis la levée du blocus mis par la France, de celle plus coûteuse encore qu'il fait à l'Etat oriental; car, excepté la révolution à la tête de laquelle le général Lavalle se plaça au mois de décembre 1828, révolution dont la durée n'a été que de neuf à dix mois, les guerres qui ont désolé la soi-disant Confédération Argentine n'ont été faites par Rosas que pour augmenter sa puis-

Les journaux de Rosas ne font pas figurer ces deux articles dans le montant des fonds publics en circulation; mais nous demandons si, de ce que ces fonds appartiennent à des établissements pieux, ou n'ont pas été réclamés, il s'ensuit qu'ils ne puissent l'être ou qu'ils n'aient pas de propriétaires? Ou bien Rosas, qui fait adorer son portrait dans les églises, a-t-il aussi confisqué à son profit la fortune des établissements religieux?

(*) Dette publique (ostensible) de Buenos-Ayres.

Dette consolidée comme dessus.	29,083,853
Dette classifiée (avouée).	1,597,473
Dette arriérée (*).	2,815,548
Emprunt anglais liv. st. 1,000,000 à 3d la piastre. .	80,000,000
Obligations de la banque.	48,058,540
	161,555,414

Et toujours l'intérêt composé, depuis 1826, de 60,000 liv. st. par an, pour montant des dividendes non payés de l'emprunt anglais.

(*) Nous sommes un peu embarrassés pour fixer le montant de cette dette, que Rosas porte dans son compte mensuel de juin (Voir la *Gazette mercantile* du 3 juillet), mais sans l'expliquer autrement que par cette dénomination « Dette arriérée » 234,629. Il n'est pas présumable, toutefois, que ce soit le montant total; aussi ne considérons-nous le paiement fait au mois de juin que comme le douzième de la dette. Mais si nous nous trompons, quant à cet article, Rosas tient assez d'autres *items* cachés pour qu'il nous pardonne d'avoir grossi celui-ci. C'est le seul changement que nous nous soyons permis de faire à ses comptes, et nous en prévenons pour qu'on ne nous accuse pas d'inexactitude intentionnelle.

sance personnelle, et, dans plus d'un cas, sa fortune particulière (celle contre les Indiens du Sud, par exemple, à la suite de laquelle il s'est fait décréter des concessions de terres d'une grande valeur).

La banqueroute nationale sera la conséquence forcée du système de Rosas, dont le despotisme seul peut encore donner une ombre de valeur au papier-monnaie de Buenos-Ayres, puisqu'il est notoire que ni le papier, ni les fonds publics, n'ont de bases solides; ou, pour mieux dire, puisqu'on sait que les seules garanties de ces dettes de l'Etat sont les châtiments et les bourreaux. Mais la banqueroute nationale elle-même serait un bienfait, si elle venait avec la chute de Rosas.

Dette publique de Buenos-Ayres. — Les chiffres suivants, empruntés aux documents officiels publiés à Buenos-Ayres, donneront une idée exacte de la situation financière du pays.

A la fin de 1825, le montant de la dette consolidée était

de.	5,360,000	piastres	6 0/0
	2,000,000	»	4 »
	7,360,000	piastres.	

La guerre du Brésil amena une augmentation de 6,000,000.

La dette consolidée était donc de 13,360,000 piastres lorsque Rosas prit les rênes du gouvernement. Il l'a successivement accrue de :

Création de févr. 1831		6,000,000 6 0/0
— mars 1834		3,000,000 »
— nov. 1834		5,000,000 »
Ce qui la portait, à la fin de 1835, à.. . .	2,000,000 4 0/0	25,360,000 6 0/0
Dont l'amortissement avait racheté à cette époque.	574,246 »	6,389,713 »
Laissant, à la fin de 1385, non rachetés. .	1,425,754 »	et 18,970,297 » (*).

(*) Buenos-Ayres and the provinces of the Rio de la Plata, by sir Woodbine Parish, K. C. H. London 1838, page 386.

En dehors de cette dette consolidée il y avait encore une dette flottante d'environ 8,000,000 piastres.

Ces six années administratives de Rosas occasionnaient déjà un accroissement de 15,000,000 de la dette publique. Nous savons bien qu'il mettra encore en avant la révolution faite par le général Lavalle en 1828 ; mais nous avons déjà dit que celle-ci ne dura que neuf à dix mois; et d'ailleurs, comme Rosas s'en empare toujours, soit qu'il commette un crime capital, ou qu'il fasse une simple faute, cette excuse ou ce prétexte est déjà trop usé pour conserver quelque valeur.

Mais cette malheureuse révolution était déjà bien oubliée, excepté par Rosas, qui s'en sert toujours, lorsqu'en 1836 on s'aperçut que la dette flottante, loin d'avoir diminué, s'était augmentée de plus d'un million, malgré les surtaxes dont on avait accablé le pays. Rosas ne trouva rien de mieux à faire que d'augmenter la dette consolidée, quoiqu'il sût bien qu'il ne pouvait offrir aucune garantie, et il créa, en 1837, dix-sept nouveaux millions de fonds publics. On vit donc s'élever la dette

consolidée à	2,000,000 4 0/0	42,360,000 6 0/0
Amortissement,	585,967 »	7,385,422 »
	1,414,033 »	34,974,578 »
4 p. 0/0 convertis en 6 p. 0/0. . . .		942,688 »
Dette consol., 6 0/0		35,917,266 »

Les charges annuelles de l'Etat étaient en 1837, sous l'habile et paternelle administration de Rosas, de :

1° Pour intérêts et fonds d'amortissement de la dette consolidée. 3,055,199

2° Budget des dépenses estimées à. . . . 20,000,000

23,055,199

Nous ne parlons pas de 60,000 livres sterling, représentant alors une somme de 2,400,000 piastres, au change de 6 d. pour intérêts de l'emprunt anglais d'un million sterling, parce que Rosas considère cette dette comme une *lettre morte*.

Pour couvrir toutes ces charges, l'Etat comptait à peine sur un revenu de 12,000,000!

Ainsi, dette consolidée.	35,917,266
Emprunt anglais, 1,000,000 livres sterling, a. 6 d.	40,000,000
Obligations de la Banque, dont le Gouvernement s'est emparé.	25,000,000
	P. 100,917,266

Qu'on ajoute à cette somme l'intérêt composé de la dette à l'Angleterre (60,000 liv. sterling. par an, non payées depuis l'année 1826), et on aura une juste idée du *système américain* de Rosas, qui, en présence d'un déficit aussi énorme, se mit, par pur orgueil, en guerre contre la France au commencement de 1838!

Doutera-t-on encore de l'imminence d'une banqueroute nationale?

Depuis 1838 jusqu'au milieu de l'année 1840, la dette nationale s'est accrue de 61,000,000 (chiffre connu), malgré les confiscations qui ont dû jeter dans les coffres de l'Etat des sommes immenses, en dehors de celles énormes aussi que Rosas a fait distribuer à ses salariés, ou a laissé tomber entre leurs mains. Ces chiffres parlent plus éloquemment que tous les mensonges du dictateur. La guerre qu'il fait à Montevideo, ruineuse pour cet Etat, ne l'est pas moins pour celui de Buenos-Ayres, et ce sont les populations, créoles et étrangères, qui en subissent les conséquences. Puissent les Gouvernements d'Europe le comprendre enfin!

État général des fonds publics depuis leur création, le 1er janvier 1822, jusqu'au 30 juin 1843.

Extrait du *British Packet*. Buenos-Ayres, 8 juillet 1843.

FONDS PUBLICS.

Doit.	4 p. %	6 p. %
Montant des émissions autorisées par les lois promulguées depuis le 30 octobre 1831 jusqu'au 28 mars 1840.	2,000,000	52,360,000

Avoir.	4 p. % piastres	réaux	6 p. % piastres	réaux
Fonds publics non en circulation, appartenant à des corporations ou des établissements pieux.	146,923	2 1/4	724,202	5
Fonds non réclamés.	10,397	6 1/4	7,438	0 1/2
Fonds rachetés jusqu'au 31 mars 1843 par la caisse d'amortissement.	505,677	7 1/4	23,526,233	7 1/4
Pour fonds rachetés pendant le dernier trimestre.				
Avril 6 % à 70 1/2 % — 235,776 2 / Mai 6 % à 66 % — 242,950 » / Juin 6 % à 65 3/8 % 65 7/8 % 267,397 2			746,123	4
Balance pour montant en circulation ce jour.	1,337,000	7 1/4	27,336,001	7 1/4
	2,000,000		52,360,000	

La dette consolidée a donc été augmentée de 10 millions depuis 1838, ce qui porte son augmentation totale, depuis l'entrée de Rosas aux affaires, à 41,000,000. Il est vrai qu'il en a successivement racheté pour environ 25,000,000; mais qui a payé ces 25,000,000, sinon la malheureuse province de Buenos-Ayres? Et ne voit-on pas que si toutes les branches de l'administration sont restées en souffrance, c'est qu'il a fallu payer les dettes que Rosas a fait si follement contracter à l'État? F. D. B.

DOCUMENT N° 6.

Rapport du ministre des affaires étrangères de l'empire du Brésil à la chambre des représentants (*).

Entre les puissances américaines, je crois devoir faire une mention particulière du Paraguay qui, pour ratifier l'indépendance dont il a joui de fait pendant plus de trente ans, a jugé convenable de la déclarer solennellement en congrès général, réuni le 25 novembre de l'année dernière (1842), sous la forme d'une république gouvernée par deux consuls. — Cette déclaration a été remise par ledit gouvernement à celui de S. M. l'empereur, en même temps que le message des consuls auquel elle avait donné lieu, et la réponse du congrès audit message, contenant diverses mesures tendant à investir le gouvernement de pouvoirs et attributions très amples, et en définitive avec les actes

(*) Le gouvernement actuel du Paraguay est si peu disposé à se soumettre aux exigences de Rosas, qu'il demande à l'empire du Brésil la reconnaissance de son indépendance, comme on peut le voir par le présent rapport. Mais il est à craindre que le Brésil ne sache pas profiter de ces bonnes dispositions du Paraguay qui, livré à lui-même, ne manquera pa de tomber au pouvoir de Rosas.

par lesquels ont été adoptés le sceau et le pavillon nationaux. Il résulte du message au congrès que le gouvernement avait conclu un traité de commerce et d'amitié avec la province de Corrientes, afin de procurer de vastes relations au marché du Pilar et pour fixer les frontières entre la république et ladite province, mais provisoirement, et avec une clause mettant à couvert les droits de la République et de la Confédération Argentine. Il résulte, en outre, que la république de l'Uruguay ayant plur tard voulu conclure un traité semblable, le Gouvernement s'est abstenu de donner suite aux négociations, considérant le cas tout autre, et il s'est limité à adopter une base conciliatrice de pure bonne foi et amitié avec les états républicains, jusqu'à des circonstances plus favorables. Les déclarations amicales et les propositions faites de la part du gouvernement de S. M. la reine de la Grande-Bretagne ont obtenu les mêmes résultats. Les rebelles de Rio-Grande du Sud, qui lui ont envoyé un ministre plénipotentiaire, ont été moins heureux, puisque le gouvernement du Paraguay, sans vouloir examiner la capacité ou la possibilité politique de la prétendue république de Rio-Grande, a insinué à l'envoyé que les sujets brésiliens, sans distinction d'opinion, trouveraient hospitalité dans les ports de commerce provisoirement désignés, par le souverain congrès général de la république, et lui ont fait connaître la base adoptée à l'égard des nations étrangères qui ont l'intention de faire le commerce sur les points d'Itapua et Pilar. Mais pendant qu'on s'occupait de ces négociations, il est arrivé qu'un parti de rebelles a passé l'Uruguay et a commis les plus grandes violences sur la frontière, tuant et volant tout ce qu'il a rencontré ; ce qui a tellement irrité le gouvernement du Paraguay, qu'il a rompu toutes relations avec le prétendu envoyé. Le gouvernement du Paraguay termine en demandant à celui de S. M. impériale, la reconnaissance de l'indépendance proclamée et en offrant les témoignages de sa protection aux sujets brésiliens dans leurs relations commerciales, donnant à entendre que ces relations pourront prendre plus de développement si l'indépendance est reconnue. Le gouvernement impérial, en raison des informations qu'il a pu recueillir des documents officiels déjà mentionnés, et de ceux qu'il pourra se procurer par les moyens licites qui sont à sa disposition, agira avec toute la circonspection nécessaire quant aux mesures qu'il devra prendre sur les relations futures entre le Brésil et un pouvoir limitrophe, et il se flatte que la tendance plus intime qui se développe et les principes de modération et de justice offerts sont de bon augure pour tous les états voisins.

DOCUMENT N° 7.

Des conséquences probables de la libre navigation du Parana.

Si la politique absorbe aujourd'hui presque exclusivement notre attention, nous ne négligeons pas pour cela de recueillir et d'enregistrer avec soin tous les faits, tous les documents qui peuvent intéresser, de près ou de loin, l'avenir commercial et industriel du pays que nous habitons; c'est dans ce but que nous avons lu avec la plus grande attention, dans le *National* du mois dernier, un travail fort intéressant de M. Hernan Dwerhagen, citoyen de la République Argentine, sous le titre modeste d'*Essai sur la topographie des rivières Plata, Parana, Paraguay, Vermějo et Pilcomayo.*

La pensée qui domine dans cet opuscule, et qui témoigne d'ailleurs des idées avancées de l'auteur, nous avait déjà été révélée dans plusieurs ouvrages spéciaux, et notamment dans l'intéressant mémoire de M. Arénales, sur la colonisation du Chaco et la navigation du Verméjo; mais nous trouvons que cette pensée lumineuse brille d'un nouvel éclat, aujourd'hui que la navigation à vapeur est à la veille d'étendre son irrésistible empire, sa prolifique influence dans le magnifique bassin de la Plata.

A l'époque où Arias et Cornéjo étudiaient le cours de ce fameux Verméjo, qui fixera bientôt l'attention de l'Europe, on pouvait encore reléguer leurs travaux dans le domaine poudreux de la géographie descriptive; maintenant ces sortes d'explorations sont d'un intérêt trop immédiat, et pour ainsi dire trop vital pour certains peuples, pour que l'économie politique et la puissance commerciale ne mettent pas immédiatement à profit des découvertes d'une utilité aussi évidente. En effet, nous voyons tous les jours qu'une fois que la possibilité de naviguer sur un grand fleuve apparaît suffisamment démontrée, l'intérêt commercial des peuples industrieux et moraux se charge d'aplanir les difficultés secondaires au moyen du puissant moteur de l'industrie moderne : la vapeur, la céleste vapeur.

Que ceux qui douteraient encore de la possibilité de mettre dès à présent à exécution les plans de civilisation et de colonisation dont M. Dwerhagen a reproduit l'esquisse, daignent jeter un regard curieux sur l'étonnant, le saisissant tableau que nous présentent les Etats-Unis du Nord-Amérique ; qu'ils lisent et méditent, ces incrédules, les lettres admirables de M. Michel Chevalier ; qu'ils parcourent avec M. Lorenzo de Zavala, cet illustre et impartial Mexicain, les rives magiques du Mississipi, de l'Ohio et de l'Hudson ; ils comprendront alors, s'ils sont de bonne foi, ce que peut la main de l'homme mue par une volonté ferme, et armée du levier formidable de Papin et de Fulton !

Quand nous disons que ces plans gigantesques peuvent être mis à exécution dès à présent, nous faisons nécessairement abstraction de l'état de guerre et d'anarchie dans lequel se trouvent enveloppées ces deux républiques, qui peuvent seules donner l'impulsion à de si vastes entreprises. Certes, tant que ce déplorable état de chose durera, l'industrie et le commerce resteront stationnaires sur les bords de la Plata, jusqu'à ce que ces deux agents provocateurs de la civilisation et des lumières succombent à la peine, ou s'élèvent radieux à la hauteur qui convient aux génies bienfaisants. Mais cet état de choses n'est qu'accidentel ; la guerre fratricide et anti-humanitaire DOIT CESSER, parce que la France et l'Angleterre l'ont déclaré hautement par la bouche de leurs ministres *plénipotentiaires*, et que, si les gouvernements osaient se jouer d'une parole aussi sacrée, les peuples sauraient la prendre au sérieux, car il y va de leur honneur et de leur crédit.

Ainsi nous avons de bonnes raisons pour croire qu'une paix complète et durable règnera prochainement sur ces belles contrées, trop long-temps victimes du fléau dévastateur de la guerre civile, et cependant si dignes d'un meilleur sort.

Nous croyons que si Rosas se maintient au pouvoir, la question de la libre navigation du Parana et de la reconnaissance de l'indépendance du Paraguay, doit être traitée simultanément avec celle de la pacification des Républiques Argentine et Orientale, autrement la situation du commerce européen sera toujours précaire dans le Rio de la Plata, toujours subordonnée au caprice du tyran, qui, à l'aide de la forteresse de Martin-Garcia et de son escadrille, ressaisira, quand il le voudra, le monopole odieux du commerce de l'Uruguay et du Parana, au détriment de l'Etat Oriental et du Paraguay, et, par suite, des nombreux négociants étrangers qui affluent journellement à Montevideo.

Buenos-Ayres et Montevideo, dit-on, sont deux villes qui seront toujours *rivales,* parce qu'elles auront toujours des intérêts opposés : nous répondons à cela que nous n'en sommes plus, Dieu merci, à ces temps de barbarie ou le mot *rivalité* était synonyme de haine, d'envie, de convoitise; qui impliquaient naturellement l'idée d'asservissement ou d'extermination de l'un des peuples rivaux. Ces idées du moyen-âge peuvent encore exister dans le cerveau d'un Rosas et de sa coterie, mais elles ne peuvent être adoptées ni avouées par les nations qui se piquent d'un certain degré de civilisation. — Aujourd'hui le soleil luit pour tout le monde.

Oui, *le soleil luit pour tout le monde :* c'est-à-dire que chaque peuple, chaque état indépendant peut travailler à son agrandissement, dans le sens moral, augmenter ses richesses ou son bien-être, sans nuire à son voisin, qui peut, à son tour, contribuer puissamment à atteindre ce noble but, en travaillant lui-même à sa prospérité; à moins que ce voisin, par stupidité ou malice, ne soit assez audacieux pour tenter d'arrêter les progrès de la civilisation, auquel cas nous pensons que le droit des gens autorise pleinement le peuple civilisateur à aiguillonner son stupide voisin. Et ce n'est là, ce nous semble, qu'une œuvre de charité et d'humanité; car, en l'invitant, en le stimulant même à suivre le mouvement progressif, au lieu de tenter follement de l'arrêter, ce peuple généreux le sauve d'une catastrophe inévitable : celle de se voir broyer par les roues du char de la civilisation, qui ne s'arrête pas plus que celui du soleil dans son immense carrière.

Une fois ces premières difficultés aplanies (celles de la pacification des Républiques Argentine et Orientale, de la reconnaissance de l'indépendance du Paraguay, et de la libre navigation des fleuves), le rôle des deux puissances européennes doit nécessairement cesser pour laisser aux états américains, le plus directement intéressés à cette libre navigation, c'est-à-dire au Brésil, à la Bolivie, au Paraguay, à la République Argentine et à l'État Oriental de l'Uruguay, l'entière liberté de s'entendre et de se concerter. A cet effet, des divers États devront se réunir en *congrès* pour arrêter les bases d'un ou de plusieurs traités de commerce ayant pour but principal l'introduction des bateaux à vapeur, et même des bâtiments à voiles, sur tous les affluents de la Plata, du Parana et du Paraguay.

Il est inutile de dire que la *bonne foi,* la *libéralité* et la *saine raison* devront présider à un pacte aussi solennel, et qui doit avoir une si haute influence sur la destinée de tous et de chacun de ces nouveaux États américains.

Alors, si Rosas, par un pieux retour sur lui-même, par une de ces subites conversions dont l'histoire offre quelques rares exemples, si le tyran Rosas, disons-nous, pouvait changer tout à coup son système de ruine et de désolation en un système de paix et d'organisation sociale; s'il prenait *loyalement* la ferme résolution de donner à ses vues ambitieuses une autre direction que celle de la guerre, que celle de l'extermination des hommes que *Dieu a créés et mis au monde pour croître et multiplier*, et non pour s'entre-dévorer comme des bêtes féroces, nous répondons que cette belle portion de l'Amérique du Sud n'aurait absolument rien à envier à sa sœur aînée du Nord-Amérique, et que les éléments d'ordre, de paix, de prospérité, qui sont aussi nécessaires au peuple que le pain quotidien, germeraient et s'acclimateraient, comme par enchantement, à mesure que l'émigration européenne étendrait ses phalanges industrieuses sur ce sol ospitalier.

Ce n'est point là de l'*utopie*, messieurs les sceptiques, c'est de la logique fondée sur l'observation de ce qui se passe partout où les institutions politiques, les vues étroites et égoistes des gouvernants ne viennent pas comprimer l'élan généreux des peuples.

Partout l'homme industrieux ne demande qu'à vivre en paix pour améliorer son sort, et, à coup sûr, le pays où la Providence guide ses pas doit s'estimer heureux de le posséder.

Jusqu'ici l'État Oriental de l'Uruguay a parfaitement compris la justesse et la portée de ces principes qui se trouvent d'ailleurs suffisamment développés dans les lumineux ouvrages des publicistes de l'école moderne, et nous ne croyons pas qu'elle ait eu lieu de s'en repentir. Hé bien donc, que cet exemple profit de ceux de ses voisins qui sont encore plongés dans les ténèbres de l'obscurantisme.

Pour nous, qui, sans être optimistes, avons pleine foi dans l'avenir, qui ne désespérons pas encore de cette pauvre humanité, nous saisissons de grand cœur toutes les occasions qui se présentent de la ramener à des idées d'ordre et de paix. Or, rien ne nous paraît plus propre à atteindre ce noble but, que de mettre sous ses yeux le tableau des destinées futures de ce pays, tel qu'il se trouve crayonné dans le travail consciencieux de M. Dwerhagen, dont nous donnons ci-après la traduction, accompagnée de quelques notes du traducteur.

Essai sur la topographie des rivières Plata, Parana, Paraguay, Verméjo et Pilcomayo, pour servir de mémoire à leur navigation.

Le majestueux fleuve de la Plata sera l'origine et le moteur d'une ligue fraternelle et durable entre les Républiques Argentine et Bolivienne; parce que sa navigation s'étendant depuis son embouchure, par les 35° de latitude sud, jusqu'à la jonction du *Jauru* avec le Paraguay, vers les 16° 20′ de latitude sud, il nous donne ainsi la distance énorme de *dix-neuf degrés* de latitude, qui peut être parcourue sans aucun obstacle. Ce fait est incontestable, attendu que l'histoire nous apprend que, déjà, en l'an 1557, Ruféo de Chaves, à la tête de 220 hommes de guerre, remonta le Paraguay jusqu'au confluent du Jauru, avec les bâtiments qui lui étaient nécessaires et qui, généralement, à cette époque, étaient des bricks d'un assez fort tonnage.

Les provinces de la République Bolivienne qui seraient le plus directement intéressées à la libre navigation du *Paraguay*, principal tributaire de la Plata, seraient celles de *Mexos*, *Chiquitos* et *Santa-Cruz de la Sierra*.

Ces provinces étendues, les plus fertiles de la Bolivie, et qui contiennent plus des deux tiers, ou près de quarante-trois mille lieues carrées, de cette République, ne produisent en ce moment que peu ou presque rien en comparaison de ce qu'elles produiraient si elles pouvaient trouver des débouchés à leurs produits. Leurs principales productions sont : le sucre, le riz, le café, l'indigo, le cacao, le coton (celui de *Mexos* est un des meilleurs que l'on connaisse), les grains, les drogueries de beaucoup d'espèces et de valeur, entre autres le *quinquina*, les bois de teinture, le tabac, le tafia (cana), les bois d'ébénisterie et de charpente de la meilleure qualité, les cuirs, les pelleteries, le suif, etc. Tous ces articles ne peuvent pas être transportés, à travers les Cordillères, à la côte de l'Océan Pacifique, par la raison toute simple que les frais de transport excèderaient la valeur de la marchandise au port d'embarquement.

Ces provinces sont à coup sûr les plus riches et les plus fertiles de la Bolivie; et pour preuve de cette assertion, nous rappellerons que les Jésuites leur avaient accordé une préférence toute spéciale et qu'elles avaient encore l'immense avantage d'être peuplées, en grande partie, par des Indiens très intelligents, très industrieux de leur nature, dont les occupations actuelles ne sont pas à la vérité très productives, mais qui changeraient bien vite pour la culture du cacao, du sucre, du café, du riz, etc., du moment que ces derniers produits auraient un débouché réel. Dans leur propre intérêt, ils se verraient forcés de donner la préférence à cette branche d'industrie, du moins pendant un certain temps, par l'introduction d'articles manufacturés, moins chers et mieux appropriés à leurs besoins, que ceux qu'ils fabriquent aujourd'hui pour leur usage.

La grande invention de l'immortel nord américain, Robert Fulton, celle des bateaux à vapeur, nous promet et nous assure avant peu cette heureuse révolution et cette nouvelle branche de commerce. Avec ce puissant auxiliaire, nous donnerons un tout autre aspect et une activité incroyable au commerce de toutes les républiques du Rio de la Pata.

Voyez la différence qui existe entre ces pays-ci et les États-Unis du nord. Lorsque ces États achetèrent à la France la Nouvelle-Orléans, en 1804, il n'existait que de rares et faibles populations sur les rives du Mississipi et ses affluents ; ce ne fut qu'au bout de cinq ans que l'on commença à y introduire quelques bateaux à vapeur. Jusque là, on avait regardé comme une chose impossible de remonter les rivières avec des navires lourdement chargés, à cause de l'extrême rapidité des courants; mais la vapeur donna bientôt la vie à l'agriculture et au commerce, et, dès lors, elle provoqua une émigration extraordinaire des États de l'Atlantique, c'est-à-dire de l'Orient vers l'Occident; de telle sorte que, dans l'espace de vingt ans, il s'est fondé non seulement un nombre considérable de villes sur les rivières de l'Ouest, mais encore des États tout entiers.

Mais ici nous n'avons pas besoin d'attendre que les pays du Nord soient peuplés, ni encore moins d'abandonner le sort de notre commerce à la manière lente et coûteuse de remonter les rivières, qui est en usage sur nos fleuves, puisque, d'une part, les pays jusqu'où ces fleuves atteignent sont déjà peuplés par des hommes laborieux, civilisés, qui depuis long-temps nous tendent les bras ; et que, de l'autre, nous avons à notre disposition les bâteaux à vapeur, avec lesquels nous pourrons naviguer, d'une extrémité à l'autre, pendant que les bâtiments à voile resteront amarrés à un arbre, en attendant qu'il plaise à *San Antonio* de leur envoyer un vent favorable, comme l'auteur de ce mémoire l'a éprouvé lui-même en restant quinze bons jours dans un même lieu sans pouvoir avancer d'une brasse.

Dans l'état actuel des choses, les provinces de Moxos, Chiquitos et Santa-Cruz de la Sierra, ne rapportent pour ainsi dire aucun revenu à la république de Bolivia, et il est à croire que le peu de commerce qui s'y fait passe par les mains des Brésiliens de Matogroso; mais le commerce une fois ouvert avec la République Argentine et le gouvernement Bolivien, établissant des ports sur la rivière du Paraguay, dans le lieu le plus convenable pour chaque province, leurs habitants fréquenteraient bientôt celui de ces ports qui leur paraîtrait le plus avantageux à leurs intérêts; car le commerce est comme l'eau, il cherche toujours son niveau et se porte naturellement de lui-même dans les lieux où il peut prospérer.

Par cette raison, il serait de l'intérêt du gouvernement de Bolivia de choisir de bons ports et d'ouvrir de nouvelles routes, pour que les populations de l'intérieur pussent communiquer plus facilement avec celles du littoral, par le moyen de charrettes ou autrement, et de cette manière le transport des produits indigènes deviendrait plus facile. De bons chemins et de bons canaux contribuent puissamment à fonder la richesse d'un pays, et ils sont, sans contredit, le principal moteur de l'élan industriel. C'est pour cette raison qu'une nation qui comprend bien ses intérêts ne peut jamais donner une meilleure direction à ses capitaux que de les employer à créer de bonnes voies de communications, surtout lorsqu'en donnant la main à l'INDUSTRIE, cette divinité des temps modernes, il y a ici autant de chances de réussite que partout ailleurs.

Le commerce que la Bolivie établirait avec la République Argentine en ferait certainement un des plus riches pays du monde, même en passant sous silence l'exploitation de ses mines et des autres branches d'industrie qu'elle possède depuis long-temps sur la côte de l'Océan Pacifique.

Pour le présent, le port que l'on nomme *Lamar*, autrement dit *Cobija*, occupe seul l'attention du gouvernement bolivien, qui néglige totalement le sort, les intérêts et la prospérité de plus des deux tiers de son territoire. Et cependant il est incontestable que ces deux tiers doivent, par la suite, produire un revenu bien supérieur à celui de l'autre tiers, lorsque l'agriculture et le commerce, s'ouvrant une large issue par la rivière du Paraguay, favoriseront, sans restriction, l'accroissement de la population.

Bolivia a le besoin et le désir d'augmenter sa population; mais on sent que cela ne peut se réaliser que par la libre navigation de nos fleuves, parce que, du moment que les cent bouches de la renommée auront proclamé au loin l'importance des provinces dont nous nous occupons, l'attention des étrangers ne manquera pas de se reporter sur elles.

Avec la vapeur, un européen pourrait débarquer à Buenos-Ayres et continuer son voyage jusqu'en Bolivie sans la moindre fatigue, et à très peu de frais; tandis qu'en se rendant directement de l'Europe ou des États-Unis au port de Lamar, par le cap Horn, il dépenserait le double sans compter les fatigues et les risques sans nombre auxquels il se trouverait exposé.

Avec un bateau à vapeur, et lorsque les capitaines se seront rendus *pratiques* de nos rivières, le trajet de Buenos-Ayres jusqu'au confluent du Jauru (Jaouron), par les 16° 20′ de latitude sud, pourrait être parcouru en *quinze jours*, en prenant pour terme de comparaison une distance égale sur le Mississipi. Quant au voyage de retour, il pourrait, évidemment, s'opérer en moitié moins de temps.

Le confluent du Jauru se trouve par la même latitude que *Santa-Ana*, capitale de la province de Chiquitos, à une distance d'environ soixante-dix lieues; d'autres villes ou bourgades de la même province en sont beaucoup moins éloignées. De ce même confluent à la capitale de Matogroso il y a soixante-treize lieues, et jusqu'aux populations les plus rapprochées de la province de Moxos, environ cent lieues.

Quel est l'homme qui ne se décidera pas, alors, à entreprendre un pareil voyage du moment qu'on pourra réunir à bord d'un bâtiment les mêmes commodités, à peu près, que dans sa maison? Les Boliviens, eux-mêmes, ne manqueraient point d'accompagner leurs produits et de venir en soigner la vente à Buenos-Ayres et à Montevideo, pour retourner ensuite dans leur pays, munis d'un assortiment d'articles de leur goût; car sur ces deux marchés où régnerait désormais la plus grande activité, ils rencontreraient facilement toutes les productions du globe, c'est-à-dire tout ce que l'homme peut désirer ici-bas pour l'accomplissement de ses projets, et cela tout aussi bon marché que dans les lieux de production.

Ce que nous venons de dire des suites naturelles de la libre navigation du Parana et du Paraguay, ne serait-il pas également applicable au large et profond Pilcomayo qui est navigable jusqu'à peu de distance de Chuquisaca et de Santa-Cruz de la Sierra? Par la voie de cette fameuse rivière, qui parcourt des terrains d'une étonnante fertilité, nous pourrions aussi recevoir du café, du sucre, du coton, du riz et du tabac, enfin les principales productions des deux Indes, c'est à-dire tout ce que la nature, aidée par la main de l'homme, est capable de produire entre les tropiques.

On dit que le Pilcomayo a trois chutes ou sauts (*saltos*). Ne pourrait-on pas délivrer la navigation de ces obstacles accidentels en les faisant disparaître, s'il est vrai qu'ils ne consistent qu'en roches grossières et friables? Si ce moyen n'était pas jugé praticable, on pourrait construire des bateaux à vapeur qui navigueraient entre ces chutes d'eau, et à côté de celles-ci on bâtirait un fort. Bientôt s'élèverait une petite ville sous le canon protecteur de la forteresse, parce que les opérations de transbordement demandent naturellement des bras, des charrettes et diverses branches d'industries de première nécessité, tels que des forgerons, des charrons, des charpentiers, des aubergistes. Tout cela réuni appellerait l'attention des Indiens, et produirait avec eux un commerce plus ou moins lucratif. Ensuite on commencerait à semer, à planter pour la culture des productions intertropicales; et, en attendant, on receuillerait, avec l'aide des Indiens, celles que fournissent les épaisses forêts qui bordent cette rivière, tels que le miel, la cire, les pelleteries et beaucoup d'autres articles inconnus dans le commerce, y compris diverses espèces de bois rares et précieux qui peuvent être très utiles au développement de l'industrie européenne.

En un mot, la navigation du Pilcomayo faciliterait, avec une promptitude incroyable, la civilisation des Indiens qui habitent les vastes contrées que parcourt cette rivière, ce que toutes les tentatives anciennes et modernes n'ont pu faire en trois siècles.

De cette manière, la République Argentine pourrait avoir un commerce fort avantageux avec sa sœur jumelle, la république de

Bolivia (*); celle-ci serait approvisionnée de toutes les productions du monde, et elle nous enverrait les siennes en retour, récoltées et élaborées par des hommes libres.

C'est alors que les Argentins et les Boliviens pourraient dire avec orgueil au monde civilisé : Ce sucre, ce cacao, ce café, qui vont augmenter votre bien-être, ne s'en vont pas accompagnés des malédictions de malheureux Africains, comme il arrive pour les productions analogues du Brésil et des Antilles ; ils n'emportent avec eux que les bénédictions d'hommes libres et heureux.

On conçoit qu'alors il serait beaucoup plus commode aux Boliviens de la partie orientale des Cordillères de venir faire leurs achats dans la République Argentine que dans aucun port de l'Océan Pacifique, une fois qu'ils pourraient arriver à Buenos-Ayres avec tant de facilité, et, en outre, avec la complète certitude d'y trouver réuni tout ce dont ils pourraient avoir besoin. Dans les ports de l'Océan Pacifique, ils ne pourraient jouir de ces avantages, ni avec la même facilité, ni à un aussi bas prix ; parce que, d'abord, pour un navire qui arriverait là, il en viendrait ici cinquante, et qu'ensuite ce commerce ne peut convenir qu'aux provinces dont les produits consistent en métaux précieux. Celles qui n'ont que des articles d'encombrement préféreront toujours les transports par eau ; et là où vont les intérêts vont également les intéressés.

D'un autre côté, il est facile de comprendre que le commerçant d'outre-mer donnerait toujours la préférence au Rio de la Plata, et se contenterait plutôt d'y gagner dix pour cent que d'en gagner trente dans un port comme Arica ou Lamar, par la raison que ceux-ci ne lui parviendraient pas avant deux ans et demi, tandis que d'ici il les recevrait en moins d'un an, son navire entièrement chargé.

En Europe et au Nord-Amérique, il y a beaucoup de commerçants *riches;* mais, terme moyen, ils ne possèdent, pour la plupart, qu'un médiocre capital : par cette raison, il y en a peu qui veuillent et puissent faire le commerce de la mer Paci-

(*) On sait que la Bolivie, formée du Haut-Pérou et des vastes régions qui s'étendent à l'ouest du Paraguay, faisait anciennement partie de la vice-royauté de Buenos-Ayres.

fique, tandis qu'il y en a beaucoup, au contraire, auxquels le commerce de la Plata convient, à cause de la facilité et de la promptitude des retours.

On nous dira que, par le nouveau canal qui doit s'ouvrir vers l'isthme de Panama, au travers du lac Nicaragua et de la rivière San-Juan, on facilitera singulièrement l'établissement du commerce avec la Bolivie, par le moyen du port de Cobija. Mais nous pouvons affirmer que, sans craindre d'émettre ici une idée paradoxale, de deux navires partis en même temps d'Europe ou des États-Unis, l'un arrivera aussi promptement au Rio de la Plata que l'autre à l'embouchure de la rivière San-Juan; ce fameux canal, qui débouchera dans l'Océan Pacifique par près de 11° 30′ de latitude du nord de la ligne équinoxiale.

Mais ce n'est pas tout : arrivé là (en même temps que le chargement dirigé sur la Plata aura déjà été transbordé sur des bateaux à vapeur), il faudra recommencer un autre long voyage pour gagner le port de Cobija ou Lamar, et cela sans avoir un seul instant le vent favorable; car toute la distance sera parcourue avec le vent de sud-est qui, par conséquent, est entièrement contraire.

Ainsi donc, l'on peut calculer, en tenant compte des calmes qui règnent toujours sous la ligne, qu'un bâtiment bon voilier ne mettra pas moins de deux mois à se rendre de San-Juan Nicaragua au port de Lamar. Or, les marchandises qui auront été transbordées ici, soit pour Chuquizica, soit pour Santa-Ana, seront déjà en magasin depuis un mois!

Il y a d'autres théoriciens qui croient que la Bolivie pourrait avoir un commerce très actif avec l'Europe par les rivières Béni ou Paro et Rio-Grande, branches du gigantesque Maranon ou Amazones; mais il faut considérer, 1° que la distance à parcourir par terre, jusqu'aux trois provinces boliviennes de la Plata, de Santa-Cruz de la Sierra, et même de Mexos, est infiniment plus grande que par le Paraguay; 2° que ces rivières traversent des déserts d'une immense étendue, des contrées habitées par des sauvages intraitables, remplies d'animaux féroces, couvertes d'insectes et de reptiles venimeux qui martyrisent l'homme, et que, ce qui est pire que tout cela, l'air de ces contrées chaudes, marécageuses, est continuellement saturé de miasmes délétères, de gaz pestilentiels qu'on est forcé de respirer dans de semblables voyages; 3° que la plus grande partie de l'année il y pleut abondamment, et qu'à la suite de ces pluies règne un soleil si chaud, si ardent, et qui frappe sur l'eau avec tant de force, qu'il ouvre les œuvres mortes des navires, détruit les cordages, et expose les marchandises à se perdre ou à s'avarier complètement avant d'arriver à l'embouchure du Maranon. Si l'on doit s'attendre à souffrir toutes ces contrariétés en descendant les rivières qui affluent dans l'Amazone, que sera-ce en les remontant, lorsqu'il faudra y employer le double de temps? Et quel effet désastreux un tel climat ne produit-il pas sur le tempérament de l'homme, et surtout de l'Européen! car, sortant d'un pays où la chaleur est déjà très forte, le voyageur irait de mal en pis, par la nécessité où il se trouverait de faire la plus grande partie du trajet sous la ligne équinoxiale.

Les sauvages seuls, ou les Indiens à demi civilisés, seraient capables de résister à de pareilles fatigues; mais, pour l'Européen, nous regardons comme impossible qu'il y résiste longtemps. Il n'en serait certes pas ainsi en naviguant sur nos fleuves du bassin de la Plata, parce que, en les descendant rapidement, on obtient bientôt un climat tempéré.

Que le Verméjo soit navigable jusque près de Tarija, et que, par ses ramifications, il nous mette en contact avec Jujuy et Salta, cela est maintenant hors de doute; cela nous a été démontré de la manière la plus évidente par Don Francisco de Arias, en 1780, par Don Jua Adriano Cornéjo, en 1790, et par Don Pablo Soria, en 1827. Tous trois descendirent cette rivière et entrèrent sans la moindre difficulté dans le Paraguay; le premier dans le mois de février, et le second dans les mois de mai et juin, et ils n'y trouvèrent pas moins de deux mètres soixante centimètres d'eau (trois varas de Buenos-Ayres).

Les avantages qui résulteraient pour la République Argentine de la libre navigation de cette seule rivière, sont immenses, incalculables; car un navire à vapeur qui partirait de Buenos-Ayres pourrait être rendu à Oran en douze jours (peut-être même irait-il jusqu'à Farija); quel stimulant ne serait-ce pas alors pour la culture des fertiles terres des belles provinces de Farija, de Salta et de Tucuman ? surtout lorsque ces mêmes provinces ont un intérêt si direct, si positif à la libre navigation de Vernéjo (qui les baigne toutes les trois), pour le facile écoulement de leurs produits actuels, qui consistent principalement en riz, sucre, café, grains, indigo, cire, miel, tabac, bois de toutes sortes, écorce de tan, peaux brutes et tannées, crin, suif, bestiaux, etc.

Ces champs, d'une étonnante fertilité, ces véritables mines qui se rencontrent sur la surface de la terre, fomenteraient largement la propagation du genre humain, tandis que celles qu'on recherche avec avidité dans les entrailles de la terre, détruisent l'homme et dépeuplent le pays; mais, à l'heure qu'il est, ces trésors sont abandonnés, non par le manque de bras, car il y a dans ces provinces reculées bon nombre d'Indiens robustes qui viennent d'eux-mêmes, du Chaco, travailler comme journaliers pour un modique salaire, mais par d'autres causes qu'il serait trop long d'énumérer ici, et dont la principale est le manque de débouchés.

Le territoire du Paraguay, encore si peu connu, est capable de fournir à lui seul une quantité énorme de productions des tropiques, indépendamment des importants articles qui lui sont propres, et qu'il fournirait en abondance, tels que l'herbe maté, le maïs, le coton, les bois de construction et les cuirs.

Nous pouvons affirmer aux incrédules qu'il ne manquera pas de se présenter des spéculateurs, soit ici, soit ailleurs, pour des entreprises qui promettent d'aussi grands bénéfices, dès que chacun se trouvera protégé dans sa personne et dans ses biens, dès que tout le monde pourra circuler librement sans être victime du caprice de cette multitude de petits tyrans qui se sont habitués à regarder chaque homme qui tombe dans la sphère de leur pouvoir comme un de leurs esclaves, ni plus ni moins, et se déclarent, en conséquence, maîtres absolus de ses biens et de sa fortune, sans autre forme de procès.

C'est alors que l'on verra bientôt nos fleuves et nos rivières, jusqu'ici abandonnés et encore trop peu explorés, sillonnés, vivifiés par un commerce actif, et tout cela avec le secours de la vapeur.

C'est alors, aussi, que les terrains, principalement ceux qui sont situés sur le bord des rivières navigables, acquerront une valeur jusqu'ici inconnue, par suite de la prompte et facile communication qui sera établie avec les ports de mer. Il est pour nous hors de doute que les commerçants de l'Assomption (la capitale du Paraguay), pourraient faire leurs affaires en moins de temps que les négociants de San-Nicolas-de-los-Arroyos (*) n'en mettent aujourd'hui pour le même objet.

Les distances se trouvant ainsi rapprochées par la vélocité des moyens de transports, ces deux villes (l'Assomption et Buenos-Ayres) se regarderaient désormais comme voisines, et elles établiraient leurs relations en conséquence. Quel pas immense n'aurait-on pas fait vers la civilisation ! Et combien cette pacifique révolution ne contribuerait-elle pas à extirper les haines provinciales, à les convertir en un mutuel échange de témoignages de respect et d'affection !

Il serait également de l'intérêt du Brésil de signaler un ou plusieurs ports dans la capitainerie de Matogroso, sur la rivière du Paraguay, par lesquels on pût extraire avec facilité les produits de cette grande province, qui, dans le cas contraire, resteraient sans valeur, en même temps que ses terres demeureraient désertes et sans prix. Mais nous croyons qu'on peut raisonnablement se flatter de voir le gouvernement brésilien s'occuper activement de protéger cette entreprise qui est toute dans ses intérêts, comme dans ceux de la civilisation (**).

(*) Petite ville de la province de Buenos-Ayres, sur le Parana, près de la frontière de Santa-Fé.

(**) La lumineuse discussion qui a eu lieu dans la chambre des députés du Brésil, le 9 mars dernier, à l'occasion de la motion de M. Carvalho sur l'état des négociations encore pendantes avec le Paraguay et la République Argentine, témoigne assez du vif intérêt que le Brésil attache à la solution de cette importante question. On peut donc beaucoup attendre de la persévérance et de la fermeté du gouvernement impérial, qui peut seul, dans les circonstances actuelles, forcer Rosas à reconnaître, à l'égard de la libre navigation du *Parana*, la validité des principes internationaux qui ont présidé à la rédaction de l'acte du congrès de Vienne relatif à la navigation du Rhin et d'autres rivières qui, dans leurs cours navigables, séparent ou traversent différents états. (*Note du traducteur.*)

En ajoutant à tout ce que nous avons déjà énuméré les productions de cette dernière province, c'est-à-dire, le bétail, les bois et métaux, auxquels il faut ajouter les terres qui appartiennent à la nation, ne devrons-nous pas reconnaître et confesser que la Providence a destiné ces républiques à être les plus fortunées du monde, et que, si elles ne le sont pas, leurs habitants ne doivent s'en prendre qu'à eux-mêmes et non à la sagesse divine ?

En effet, que manque-t-il à ces peuples favorisés de la nature pour marcher d'un pas ferme vers les hautes destinées qui leur sont préparées, pour devenir, enfin, les nations les plus riches de la terre ? Il ne leur faut que s'entendre les uns avec les autres, et entrer avec sincérité dans un pacte de fraternelle union, dans une vraie communauté d'intérêts.

Ces peuples doivent beaucoup attendre de l'activité et du caractère entreprenant de leurs frères de l'Amérique du Nord, qui connaissent mieux qu'aucune nation la construction des bateaux à vapeur la plus favorable aux transports des cargaisons lourdes ou encombrantes sur les rivières (tous ceux qui ont navigué sur le Mississipi ne le nieront pas); et il faut observer que l'on trouve du bois sur cette rivière avec la même abondance que sur le Mississipi.

Les intérêts de la République de Bolivia, nous l'avons démontré, sont identiquement les mêmes que ceux de la République Argentine, puisque chacune de ces provinces a, individuellement, un motif puissant de désirer ardemment la libre et prompte navigation du Parana et du Paraguay.

Ce grand point obtenu, le commerce du Brésil, qui absorbe actuellement une grande partie du numéraire de Buenos-Ayres, pour deux productions coloniales que les Argentins finiront par exporter eux-mêmes, tournerait alors à l'avantage de ces derniers, et cette République pourrait, en peu d'années, avoir une rente assez forte pour éteindre sa dette nationale.

C'est alors, aussi, que l'attention de ses législateurs se reporterait sur des améliorations intérieures également urgentes et dont les ramifications sont infinies, mais donc l'exécution ne peut être que l'œuvre d'un congrès national ; comme, par exemple, la construction d'un chemin de fer de *Cordova* au *Rio-Fercero*; car, dans ces derniers temps, tout le monde s'est convaincu qu'un chemin de fer, même sous le rapport de la célérité, est préférable à un canal naturel ou artificiel; que, avec des chariots construits tout exprès pour ces sortes de chemins, on transporte les marchandises les plus lourdes avec autant et même plus de facilité que sur un canal, et qu'en outre les frais de construction et d'entretien des chemins de fer sont, en définitive, beaucoup moins élevés. Si l'on a fait ce calcul dans les pays montueux, que sera-ce dans notre République, où, généralement parlant, les terrains sont peu accidentés? Quel bien n'en résulterait-il pas pour la province de Cordova en particulier; combien un pareil travail ne favoriserait-il pas l'extraction du sel, du plomb, du fer et d'autres produits naturels dont cette province abonde, et qui, faute de débouchés, de moyens d'exploitation, restent aujourd'hui ignorés et sans valeur. Cet important auxiliaire faciliterait également l'extraction d'une foule de productions de l'art qui se trouvent aujourd'hui grevés de frais énormes par suite de leur transport par la voie lente et ruineuse des pesantes charrettes du pays.

Il n'y a pas une seule province de la République Argentine à laquelle la construction des chemins de fer ne pût être appliquée avec un immense avantage; mais ces grandes améliorations, dans un pays aussi peu peuplé que celui-ci, ne peuvent être réalisées que par la main protectrice de la nation entière, et non par celle des particuliers comme dans d'autres Etats.

Enfin, il est une dernière considération qui doit fixer à un haut point notre attention, c'est que la navigation d'un si grand nombre de fleuves et de rivières serait une pépinière pour la marine argentine, qui est encore à créer.

***

DOCUMENT N° 8.

Les Français résidant sur le territoire de la République Orientale, à M. le vice-amiral Massieu de Clerval, commandant en chef les forces navales françaises au Brésil et dans les eaux de la Plata, en ce moment devant Montevideo.

Monsieur l'Amiral,

Un concours de circonstances fâcheuses a malheureusement détruit l'effet que nous attendions de l'énergique déclaration faite le 16 décembre dernier par S. Exc. M. le comte de Lurde, ministre plénipotentiaire de S. M. le Roi des Français auprès du gouvernement de la Confédération Argentine, au ministre des affaires étrangères de Buenos-Ayres. Nous en souffrons d'autant plus, que nous nous trouvons placés dans des circonstances plus pénibles. Peut-être, monsieur l'amiral, ne connaissez-vous pas toute l'étendue des maux qui nous ont frappés; peut-être aussi ne pouviez-vous, à la distance où vous étiez placé, prévoir ceux plus grands encore qui menacent notre avenir. Permettez-nous donc, monsieur l'amiral, de vous retracer les uns et de vous faire pressentir les autres.

Vous n'ignorez pas, monsieur l'amiral, que les intérêts de la population française établie dans la république de l'Uruguay ne sont pas concentrés dans la capitale, mais bien répandus sur toute la surface du territoire de l'Etat Oriental, soit que des établissements industriels aient été formés dans les villes avoisinant les rivières, soit que des fonds aient été placés dans des *estancias*, soit enfin que des marchandises aient été expédiées directement dans l'intérieur, ou vendues à crédit aux personnes qui font ce commerce chanceux; de toute manière, il est bien évident que l'invasion du pays n'a pu que nous être funeste. Elle l'est d'autant plus, que nous avions placé une plus grande confiance dans l'injonction faite par S. Exc. M. le comte de Lurde au général Rosas, de suspendre tout acte d'hostilité contre la République Orientale, et de retirer celles de ses troupes qui auraient déjà passé l'Uruguay. Une intimation faite au nom de la France nous paraissait une garantie si puissante, que beaucoup d'entre nous, sinon tous, se sont laissé aller avec une entière sécurité à la confiance qu'inspirait la détermination manifestée par S. Exc. M. le comte de Lurde, au nom de son Gouvernement, de rétablir la paix entre les deux Etats. Aussi l'occupation de ce territoire, par les troupes de Buenos-Ayres, a-t-elle pris par surprise ceux d'entre nous qui avaient encore foi au prestige de notre puissance. Les événements sont venus détruire nos illusions en nous montrant nos désastres. Nos établissements lointains abandonnés, nos champs ravagés, nos marchandises dispersées, nos comptoirs fermés, nos crédits rendus illusoires, tel est, monsieur l'amiral, l'état auquel nous a réduits l'invasion du territoire de la république de l'Uruguay. Heureux encore ceux qui n'ont pas à déplorer des pertes plus douloureuses !

Nous vous avons dit, monsieur l'amiral, ce que nous avons déjà souffert; mais comment prévoir ce que nous avons à souffrir encore? Nous n'éprouvons jusqu'à présent que les inconvénients d'un siége à peine commencé, et déjà beaucoup de nos nationaux ne peuvent plus se procurer aucun moyen d'existence. Tout travail a cessé, et le commerce est, *de fait*, en état de suspension générale de paiements. Que deviendra notre population pauvre, si le siége se prolonge? car en admettant que l'armée du général Rosas s'empare de la capitale sans y commettre les actes de cruauté dont on ne nous épargne pas les menaces, nous ne serons cependant pas arrivés aux termes de nos souffrances. Assiégée aujourd'hui par les soldats de Buenos-Ayres, la ville le serait bientôt par les troupes orientales, si les premiers venaient à y entrer, et nous verrions se prolonger nos maux pour arriver à une ruine totale.

Une nouvelle circonstance vient aggraver la position déjà si malheureuse dans laquelle nous sommes placés, c'est l'intimation du blocus de nos côtes, faite, au nom de son Gouvernement, par le ministre des affaires étrangères de Buenos-Ayres; si cette mesure est admise, nous aurons bientôt à craindre les horreurs de la famine, qui pèsera plus particulièrement sur nos compatriotes pauvres, dont se compose une grande partie de la population de cette ville. Une des conséquences de cette mesure funeste sera le décret dont nous menace le Gouvernement Oriental, décret qui ne tend à rien moins qu'à expulser de la capitale les étrangers qui refuseront de prendre les armes pour la défense du pays.

Monsieur l'amiral, les Français placés dans la cruelle alternative, les uns de voir disparaître en un jour le fruit de tant d'années de travaux, les autres de mourir de faim, tous de souffrir dans leurs intérêts et leurs existences, ou de prendre les armes pour un gouvernement de qui seul semble dépendre en ce moment leur sort, ces Français perdront-ils leurs droits à la nationalité de leur pays pour avoir suivi la seule route qui leur reste ouverte? Non, monsieur l'amiral, ils ne peuvent admettre que vous les laissiez sans protection efficace; ils espèrent en vous, parce qu'ils savent que leur espoir est bien placé, que vous n'aurez pas entendu en vain leurs cris de détresse, que vous trouverez dans votre cœur un écho à leurs souffrances, et dans votre escadre une garantie pour leur avenir, une sauvegarde pour l'honneur national.

Nous avons l'honneur d'être avec le plus profond respect, monsieur l'amiral,

Vos très humbles et très obéissants serviteurs,

(*Suivent les signatures.*)

Montevideo, le 30 mars 1843.

DOCUMENT N° 9 (*).

Montevideo, 30 mars 1843.

Le soussigné, ministre des affaires étrangères, a reçu l'ordre de communiquer à M. Dale, proconsul de S. M. B., la résolution du gouvernement de Buenos-Ayres, en date du 20 courant. Cette résolution a pour but d'empêcher l'entrée dans cette capi-

(*) La même note a été adressée à chacun des consuls étrangers.

tale de viandes fraîches et salées, de bétail et de volailles de toute espèce, et d'affamer la capitale que le gouvernement est chargé de défendre, en la privant des vivres dont elle a besoin pour la garnison et les personnes employées au service public.

Le droit de la guerre admis par toutes les nations civilisées, accorde aux gouvernements ou commandants de places assiégées, le moyen d'obvier en pareil cas à cet inconvénient, en diminuant le nombre de bouches inutiles à la défense, en les faisant évacuer la place.

L'exercice de ce droit, qui n'admet aucune restriction, et qui se trouve tant de fois consacré par la pratique, est doublement nécessaire et justifié, quand ceux qui défendent la place ont l'espoir de faire lever le siége, en prolongeant la résistance. Aujourd'hui cette espérance est plus que plausible; on peut même la regarder comme infaillible, non seulement parce que la garnison de la ville est supérieure en nombre à la force qui assiége, mais encore parce que l'armée nationale aux ordres du général Rivera, manœuvre sur les derrières de l'ennemi et le tient resserré entre ses colonnes et la capitale. Il est donc évident pour le gouvernement comme pour tous ceux qui considèrent sans passions la situation actuelle, que son triomphe dépend de la résistance, et qu'en y persévérant, il sauvera la capitale et forcera l'ennemi à une rétraite désastreuse.

Dans ce cas, l'adoption de la mesure indiquée, celle de diminuer le nombre de bouches inutiles, devient non seulement juste, mais tout-à-fait indispensable, dès le moment que la prohibition du gouvernement de Buenos-Ayres, en date du 20, commencera à recevoir son exécution. Le gouvernement a cru de son devoir d'en prévenir par anticipation M. le proconsul de S. M. B., afin que le cas échéant ses nationaux ne fussent pas pris au dépourvu.

Le gouvernement n'ignore pas tout ce qu'a de pénible et de désastreux cette mesure au sein d'une capitale qui compte un huitième de plus d'étrangers que de nationaux, puisque le nombre de bouches inutiles est beaucoup plus grand que celui des défenseurs de la place.

D'ailleurs le gouverneur de Buenos-Ayres, en prétendant la

réduire par la famine, sait très bien que cet acte d'hostilité atteint principalement l'immense majorité des étrangers. Si cette considération n'a pu influer sur lui, elle ne peut empêcher le gouvernement d'adopter les moyens de neutraliser ses effets.

Le soussigné est bien convaincu que le blocus notifié par le gouvernement de Buenos-Ayres est contraire au droit des gens, à la situation politique, mercantile et sociale de ce pays, aux intérêts des neutres; il croit qu'ils pourraient s'opposer avec raison et justice à l'exécution d'une mesure si abusive et si contraire au droit qu'autorisent de semblables prohibitions.

Ce n'est point au soussigné à indiquer à M. le proconsul de S. M. B. les moyens légaux sur lesquels il appuierait la résistance à la prohibition; M. le proconsul doit bien les connaître. Il ne lui appartient que de déclarer que, si les agents chargés de protéger leurs nationaux tolèrent une semblable mesure, il est évident pour le gouvernement qu'ils les soumettent par le fait à toutes les conséquences qui découlent de cet acte, et qu'il peut dès lors agir conformément au droit.

Le soussigné ne peut terminer cette dépêche, sans prévenir M. le proconsul qu'à tous les considérants antérieurs, il y en a d'autres relatifs à l'Angleterre, ceux qui émanent de la part qu'elle a manifesté vouloir prendre dans la lutte actuelle. Le gouvernement, la nation en masse, et tous ceux qui observent les événements, ne pourront jamais comprendre, qu'après la note du 16 décembre, et l'intimation faite le 17 février par l'amiral Purvis au général Brown, sujet anglais, il puisse tolérer ce nouvel acte d'hostilité, dont l'exécution vient d'être confiée à ce même Brown.

Le soussigné qui, dans des conférences verbales, a manifesté plusieurs fois à M. le proconsul, toutes les observations auxquelles de tels actes donnent lieu, s'abstient de les répéter ici : avant de terminer, il demande à M. le proconsul de vouloir bien mettre cette dépêche sous les yeux de M. l'amiral Purvis, non seulement pour qu'il puisse peser les inconvénients de cette mesure, au moment de se prononcer sur la prohibition du gouverneur Rosas, mais encore pour la part que devront prendre les navires de la station navale anglaise dans l'exécution de la mesure à laquelle on veut réduire le gouvernement.

SANTIAGO VAZQUEZ.

DOCUMENT N° 10.

CIRCULAIRE.

Le Président légal de la République.

Quartier-général, 1er avril 1843.

A M. le Consul.

Le soussigné a appris avec peine que quelques étrangers résidant à Montevideo emploient *leur influence* pour attirer des partisans aux rebelles *sauvages unitaires,* et que d'autres prennent les armes en faveur de ces mêmes rebelles. Il est de notoriété publique que le soussigné a respecté les propriétés et les personnes des sujets des autres nations, parce qu'ainsi le lui ordonnent la civilisation, la justice et ses propres sentiments, tant que ceux-ci se sont renfermés dans le cercle qui leur appartient; mais les motifs ci-dessus le déterminent à opérer dans un sens entièrement contraire et avec vigueur contre ceux qui, oubliant leur position, la perdent en prenant parti dans des affaires qui ne les regardent pas, soit qu'ils y soient poussés par leurs intérêts ou par tout autre motif. — En conséquence, le soussigné se voit dans l'obligation de déclarer à M. le consul qu'il ne respectera, *ni dans les biens, ni dans les personnes*, la qualité d'étrangers des sujets des autres nations qui prendront parti avec les infâmes rebelles *sauvages unitaires,* contre la cause des lois qu'il défend avec les forces qui lui obéissent, et que, dans ce cas, ils seront considérés comme rebelles *sauvages unitaires* et traités comme tels *sans aucune distinction.*

A ces causes, le soussigné, etc., etc., etc.

Signé Manuel ORIBE.

Par ordre de S. E.:

Carlos VILLADEMOROS.

A M. le Rédacteur en chef du Patriote Français.

Montevideo, 14 juin 1843.

Monsieur le Rédacteur,

Permettez-moi de relever une erreur très grave qui s'est glissée dans la rédaction de votre article de fond d'aujourd'hui.

Vous y dites, en parlant de l'armement des Français : « La « première conséquence de cet armement à peine ébauché fut « la circulaire d'Oribe, en date du 1er avril. »

C'est tout le contraire qui eut lieu, et Oribe n'a pas même l'excuse de notre armement pour donner à sa farouche circulaire un semblant de nécessité. Le premier rassemblement des Français eut lieu sans armes, le dimanche au soir, 2 avril; il était alors peu nombreux: ce qui hâta surtout son développement fut la connaissance que l'on eut, dans la journée du lundi, de la circulaire en question.

Comment Oribe pouvait-il savoir le 1er ce qui ne se passait que les jours suivants? L'attaque est venue de son côté, et nous ne nous sommes armés que pour notre propre défense.

J'espère que vous voudrez bien insérer cette rectification qui est d'une haute importance.

Agréez, etc.

Fred. DES BROSSES.

DOCUMENT N° 11.

Vive la Confédération Argentine!

Le ministre des relations extérieurs au commandant général en chef de l'escadre de la Confédération Argentine, brigadier G. Brown.

Buenos-Ayres, 29 mars 1843, an 34e de la liberté, etc.

« Le soussigné a reçu ordre de S. E. M. le gouverneur et capitaine général de la province, de vous dire que, pour éviter autant qu'il sera possible les inconvénients qui peuvent résulter pour le commerce neutre, en conséquence de l'ordre expédié le 19 du courant, à partir du 1er avril prochain, on ne permettra pas l'entrée dans le port de Montevideo des navires portant des munitions de guerre, de la viande fraîche ou salée, du bétail en pied et des volailles de quelque espèce qu'elles soient, pour la consommation de ladite cité. Cet ordre ne s'étendra pas aux navires étrangers de commerce qui arrivent de la haute mer; les consuls à Montevideo et les commandants de station dans le port donneront connaissance de l'ordre susdit aux capitaines desdits navires, et on espère que lesdits consuls et commandants de station emploieront tous les moyens qui sont en leur pouvoir afin d'empêcher les navires de commerce de leurs nations qui arrivent de la haute mer, de se livrer au cabotage ou trafic de munitions de guerre ou vivres pour Montevideo, comme s'obligent de le faire les consuls ou commandants de station anglais et français, selon le *memorandum* de LL. EE. MM. les ministres de S. M. B. et de S. M. le Roi des Français, dont copie est ci-jointe avec la réponse. »

Que Dieu vous garde de nombreuses années.

Signé, Felipe ARANA.

Pour copie conforme :

*L'*official mayor *du ministère de Buenos-Ayres*,

Signé, M. DE LIGOYEN.

DOCUMENT N° 12 (*).

Protestation de la population française établie dans la République Orientale, contre M. Théodore Pichon, consul général de France, accrédité auprès de ladite République.

Nous soussignés, Français, résidant sur le territoire de la République Orientale de l'Uruguay, déclarons que M. Théodore

(*) Cette protestation a été donnée le 2 décembre à M. Guizot.

Pichon, consul général de France, accrédité auprès de ladite République, a manqué à ses obligations de consul, et s'est rendu coupable envers nous :

1° En nous convoquant au consulat de France, par une note écrite de sa main, le 9 février de la présente année, pour nous engager à prendre les armes pour la défense de nos personnes et de nos propriétés, dans le cas où le général Oribe, lieutenant de Rosas, s'emparerait de la ville de Montevideo, domicile habituel de la majorité, et aujourd'hui accidentel de presque toute la population française, établie dans la République Orientale ; en présidant la première et la seconde assemblée ; en sanctionnant l'élection des commissaires chargés de notre organisation ; en ne protestant pas (quoi qu'il ait pu dire plus tard) contre la publication du procès-verbal reproduit avec sa signature et celles des membres de la commission, dans le journal intitulé le *Patriote Français*, du 15 février, et réimprimé à part à un très grand nombre d'exemplaires ; en autorisant le travail de la commission et en reconnaissant les chefs des différentes sections établies par ladite commission ; en ordonnant la confection de signaux et pavillons dont lui-même a acquitté les frais ; en faisant lithographier des tableaux, payés par lui, de ces mêmes signaux et pavillons ; parce qu'une pareille organisation, abandonnée soudainement par M. le consul général, et sans motif plausible, sans raison connue, sans qu'il ait pris la peine de nous dire pourquoi il détruisait brusquement ce qu'il avait fait quelques jours auparavant, nous signalait à la haine et à la vengeance de l'armée du général Rosas, maintenant devant la capitale qu'elle assiége depuis quatre mois et demi, et qu'elle a déjà été sur le point de prendre par trahison, et nous laissait sans défense en présence d'ennemis acharnés à notre ruine ;

2° En refusant à nos navires de commerce l'autorisation nécessaire pour aller chercher le long du littoral le bétail et les autres provisions de bouche indispensables à la subsistance d'une population nombreuse, souffrant alors les privations imposées par un siége établi depuis deux mois, refus *non motivé* par M. le consul général, et d'autant plus inexplicable que les navires anglais, ou *sous pavillon anglais,* n'ont *jamais* été troublés dans les voyages qu'ils ont faits sur les côtes pour se procurer les articles que nos propres bâtiments auraient été y chercher ;

3° En nous laissant dans l'ignorance de la note sanguinaire passée par le général Oribe, lieutenant de Rosas, à tous les agents consulaires accrédités auprès du Gouvernement Oriental, note par laquelle Oribe menace de traiter comme des sauvages unitaires, c'est-à-dire de faire mourir dans les tortures, tous les étrangers qui auront assisté ou secouru le Gouvernement Oriental d'une *manière quelconque, intentionnellement ou de fait,* dans les circonstances actuelles, note qualifiée d'*inexcusable* par le ministre de la Grande-Bretagne, résidant à Buenos-Ayres, et qui a fait dire officiellement au commodore anglais, en ce moment sur nôtre rade, « *qu'elle ferait honte au plus sauvage des-* « *pote de la côte de Barbarie ;* »

4° En nous desservant auprès de l'amiral Massieu de Clerval par les rapports remplis de partialité, gros d'injustice, qu'il n'a cessé de lui faire depuis son arrivée, à ce point que l'amiral n'a jamais jugé convenable d'interroger ceux d'entre nous qui, bien plus sérieusement intéressés que M. le consul général au rétablissement d'une paix indispensable à notre bien-être, auraient pu l'éclairer sur la véritable situation du pays ;

5° En nous obligeant, par ses manières insociables, par son langage injurieux, par ses menaces même, à nous éloigner du consulat, si, poussant encore plus loin son despotisme, il n'en avait interdit l'entrée à ceux d'entre nous qui ont pris les armes ;

6° En empêchant le dépôt dans la chancellerie du consulat d'un acte testamentaire, faisant ainsi survivre sa haine à l'existence même de ses compatriotes, et poursuivant de sa vengeance nos femmes et nos enfants, parfaitement irresponsables de nos actions, et dont la nationalité n'est pas même contestable ;

7° En nous réduisant, par l'abandon dans lequel il nous a laissés, plus encore par ses menaces hostiles, à prendre les armes pour défendre nos personnes et nos propriétés, mesure désespérée, puisqu'elle a déjà coûté la vie à plusieurs de nos compatriotes et menace l'existence d'un bien plus grand nombre ;

8° En nous menaçant, chose exorbitante! de nous priver de notre qualité de Français, parce que, abandonnés par lui et par notre amiral, nous avons pris les armes pour notre propre défense, pour nous mettre à l'abri du danger au devant duquel lui-même nous a poussés, et pour ne pas être contraints à quitter le pays en laissant nos intérêts à l'abandon, menace déjà mise à exécution pour plusieurs d'entre nous auxquels il a refusé des documents indispensables à la conservation ou à la protection de leurs droits;

9° En semant la désunion, la haine même, dans la population française de la République Orientale, haine qu'il soulève en soudoyant des agents de troubles, en égarant les Basques et les aveuglant sur leurs propres intérêts, soit en leur distribuant de l'argent (argent dont la source et l'emploi devront être justifiés auprès des chambres), sous prétexte de leur fournir des secours alimentaires; mesure dérisoire, puisque beaucoup de ceux qu'il prétend secourir sont au dessus du besoin; soit en les forçant, par la puissance que son rang donne à sa parole, à se séparer de nous, préparant ainsi leur ruine et la nôtre, et retardant, tout au moins, le succès de notre entreprise;

10° En méconnaissant, dans la haine aveugle qu'il nous porte, ses devoirs de consul de France, jusque là qu'il exige, dit la rumeur publique, du ministre d'un pays étranger, qu'il nous fasse enlever nos cocardes et nos bulletins d'immatriculation, *sous prétexte que nous ne sommes plus Français;*

11° En nous exposant d'autant plus, par l'adoption d'une pareille mesure, que la note passée par Oribe, le 1er avril, à tous les consuls ou agents accrédités auprès de la République, est plus menaçante contre les étrangers qui auront montré des sympathies pour ce Gouvernement;

12° En diminuant les moyens de défense du Gouvernement Oriental, et par conséquent notre sûreté personnelle, par les facilités qu'il donne pour sortir du pays, sans passeports, à des gens destinés au service de Rosas, et en délivrant des certificats d'immatriculation à des *Basques espagnols,* dans le double but de les exonérer du service qu'ils doivent à la République et de faciliter leur sortie pour Buenos-Ayres;

13° En offrant à l'un de nos compatriotes une recommandation pressante pour Oribe, le chef d'une bande de désorganisateurs, d'Oribe, auquel nous devons notre ruine et celle du pays, *sous prétexte* que le Gouvernement légal ne *ferait rien* pour le réclamant, et que, sur la recommandation personnelle du consul, il trouverait une protection efficace auprès de l'ennemi de la République ;

14° En ne faisant pas auprès du général assiégeant la démarche officielle à laquelle il s'était engagé envers nous, et qui aurait pu éviter bien des malheurs, comme nous en avons la preuve par les résultats qu'ont obtenus, dans pareille circonstance, le commodore et le consul anglais auxquels les sujets britanniques doivent la garantie de leurs personnes et de leurs propriétés.

Par ces causes, et beaucoup d'autres qu'il serait trop long d'énumérer, mais qui sont de notoriété publique, nous déclarons que M. Théodore Pichon, consul général de France, a méconnu ses devoirs envers nous et ses obligations envers son pays.

En conséquence, nous devons protester et nous protestons de la manière la plus formelle contre M. Théodore Pichon, consul général de France, accrédité auprès de la République Orientale, le rendant responsable de tout le mal qui nous peut survenir, comme étant, ledit consul général, la cause la plus active de tous nos désastres, et demandons son remplacement.

En foi de quoi, nous, Français, établis sur le territoire de la République Orientale, signons le présent acte de protestation contre M. Théodore Pichon, consul général de France, accrédité auprès du gouvernement de ladite République.

Fait triple à Montevidéo, le 10 juillet 1843.

(Suit un grand nombre de signatures.)

AVIS AUX FRANÇAIS (*).

La commission nommée pour déterminer les points de la

(*) L'avis manuscrit est de la main de M. le consul Pichon, et reste déposé en main sûre.

ville où devront s'assembler les résidents français, les invite à se réunir aujourd'hui mercredi, 15 courant, à six heures du soir, aux lieux ci-après désignés, pour entendre lecture du rapport de la commission et s'occuper des diverses mesures d'organisation et de sûreté qui y sont indiquées :

Barraque Duplessis.
Fonda Hymonet.
Maison Cavaillon.
Jeu de paume Cazenave.
Maison Recaete.
Jeu de paume Capandeguy.
Café de l'Uruguay (grande place du Marché).
Boulangerie Ch. Robillard.
Jeu de paume Valentin.

NOTA. — Chacun voudra bien se rendre à celui des lieux ci-dessus indiqués le plus voisin de son domicile.

Rapport de la commission nommée par les résidents français pour déterminer les points de la ville où devront être établis les postes des marins et des résidents français.

A Messieurs les résidents français de Montevideo.

Messieurs,

Dans la réunion qui a eu lieu le 9 de ce mois, au consulat de France, dans le but d'éclairer les résidents français sur la situation actuelle, il a été reconnu, par la grande majorité des Français présents à cette réunion, qu'il y avait nécessité de demander au commandant de notre station navale un débarquement de marins armés pour protéger la vie et les propriétés des Français dans toutes les éventualités de la lutte qui afflige ce pays.

Il a été également reconnu que le jour où le danger, cessant d'apparaître comme une perspective plus ou moins éloignée, se manifesterait tout à coup grave et menaçant, ce serait à la fois un droit et un devoir pour les résidents français *de se réunir pour défendre* leurs intérêts attaqués.

A la suite de quelques communications faites par M. le consul, et dont l'assemblée a apprécié l'importance, une commission a été nommée pour déterminer les points de la ville où devront être établis *les postes* de la marine et des résidents français.

Ce rapport a pour objet, messieurs, de vous faire connaître les résolutions prises à cet égard par votre commission. Toutefois, après avoir reconnu et indiqué les parties de la cité qui réclamaient le plus impérieusement le voisinage d'un *poste de secours français*, votre commission a cru remplir un devoir commandé par les circonstances, en arrêtant sans retard les mesures les plus importantes qui se rattachent à l'installation de ces postes de secours.

Indépendamment du poste central placé au consulat de France, trois postes principaux, composés des forces de la marine militaire, nous ont paru convenablement placés :

A la Douane;
Au café de l'Uruguay, grande place du Marché ;
Au jeu de paume de Valentin, grande rue du Cordon.

Une des communications faites par M. le consul, dans la réunion du 9 de ce mois, nous a fait connaître que les agents des puissances représentées par des navires de guerre en rade de Montevideo, étaient également dans l'intention d'opérer un débarquement de marins armés, afin de garantir les droits et la sécurité de leurs nationaux respectifs, et étaient disposés à combiner leurs efforts pour conserver à cette démonstration son caractère inoffensif et de stricte neutralité.

En considérant les hautes garanties d'ordre public, les avantages présents et toutes les bonnes influences qu'aurait pour l'avenir un semblable précédent, votre commission, messieurs, a partagé la vive satisfaction que cette nouvelle vous avait fait éprouver, et elle a exprimé à M. le consul le vif désir que les trois postes principaux ci-dessus désignés pussent être composés de détachements de toutes les marines alliées. Nous ne voulons tous que prendre quelques mesures de sage prévoyance pour *faire respecter nos personnes et les droits qui nous sont garantis par les lois mêmes du pays où nous vivons, mais qui, dans l'ardeur de la lutte,* pourraient se trouver compromis. Notre but est donc le même à tous, et il est nécessaire que nous y marchions ensemble avec cette solidarité féconde qui crée une force morale toute puissante et qui décuplerait *nos forces matérielles,* si nous étions forcés de recourir à leur emploi. Il est bien entendu, du reste, que le premier seul des trois postes principaux désignés par la commission, celui de la douane, ne pourra être changé; mais que l'emplacement des deux autres, quelque convenable qu'il nous paraisse pour la protection de tous les étrangers, pourrait être discuté entre les consuls et les commandements de station.

Voici l'indication des points qui devront être *occupés par les résidents français :*

POSTES INTÉRIEURS.

Barraque Duplessis, rue San-Benito.
Fonda de Hymonet, rue des Pêcheurs et San-Luis.
Maison Cavaillon, rue San-Fancisco.
Jeu de paume de Martin Cazenave, rue San-Gabriel.

POSTES EXTÉRIEURS.

Maison Recaete, à la Buena-Vista.
Boulangerie Charles Robillard.
Jeu de paume de Thomas Capendeguy, au bout de la rue du Porton-Neuf.

Votre commission, messieurs, a manifesté le désir qu'il fût possible à M. le commandant de la station *de renforcer les postes bourgeois par un détachement de marins.*

L'avertissement qu'il y aura lieu *de se réunir en armes* dans les postes ci-dessus désignés, sera donné *sur l'ordre du consul. Le signal sera un pavillon tricolore* arboré sur les maisons Cadilhon, Cavaillon et Valentin.

Avant que cet avertissement soit donné, il y aura, mercredi prochain, à six heures, une réunion provisoire *et sans armes* dans les postes de l'intérieur et de l'extérieur. Chaque résident français devra se rendre au poste le plus voisin de son domicile.

Dans la réunion de mercredi prochain, il sera procédé immédiatement dans chaque poste, sous la présidence d'un des membres de la commission, à la nomination de neuf commissaires qui choisiront entre eux leur chef et prendront, *de concert avec l'autorité française, toutes les mesures réglementaires* qui pourront assurer l'ordre et l'unité d'action.

Les trois *postes de marine et les sept postes de résidents correspondront entre eux par un système de boules pendant le jour et par un système de lanternes pendant la nuit.* Le système qui a été adopté par la commission est simple et sera facilement compris. *Un exemplaire du tableau explicatif sera affiché dans chaque poste.* Au moyen de ces signaux, tous les postes connaîtront rapidement quel est le point qui *réclame des renforts.*

Le pavillon français sera placé à la porte d'entrée de chaque poste, à dater de la publication du présent rapport.

Tous les Français sont invités, en outre, à placer le pavillon national sur la terrasse de la maison qu'ils occupent, aussitôt que M. le consul aura *fait donner le signal du danger.*

Il sera affiché dans chaque poste une déclaration ainsi conçue :

« *Les Français* n'ont pris les armes que pour défendre leur vie et leurs propriétés menacées. *Dans aucun cas, ils ne doivent intervenir dans les luttes qui pourraient s'engager et ils ne devront faire* usage de leurs armes *que dans le cas où ils seraient attaqués.*

Telles sont, messieurs, les mesures les plus urgentes auxquelles votre commission a cru devoir s'arrêter, afin de réaliser, le plus tôt possible, une manifestation qui, dans toute éventualité, *sera une garantie puissante pour chacun de vous, pour vos familles, pour vos intérêts les plus chers;* mais ce mouvement ne peut avoir de force et de valeur que par l'assentiment universel.

« *Qu'aucun Français n'hésite donc à participer à une manifestation qui est faite à la fois dans l'intérêt de tous les résidents étrangers et dans l'intérêt commercial de ce pays;* que tous nos compatriotes se rendent *en masse*, mercredi prochain, à leurs postes respectifs. *Il est important que cette première démonstration soit imposante par le nombre, par le calme et par la dignité.*

Les membres de la Commission :

MM. Lafin, Auguste Portal, Henri Escher, Jean Salano, Jean Pernin, Jean-François Thiebaut, Martin Cazenave, Salvate Etchegoyen, Louis Faucon, Désiré Charavel, Eugène Tandonnet.

Le Président :

M. THÉODORE PICHON, *consul de France.*

Pour copie conforme,

Le secrétaire : EUGÈNE TANDONNET.

Signaux et articles réglementaires pour leur emploi arrêtés par la commission dans sa séance du 11 *février, pour faciliter les moyens de prompte communication entre les divers postes.*

ARTICLE PREMIER. Immédiatement après la réunion dans les différents postes au moment de l'appel, un homme sera placé en vigie sur le point culminant de chaque poste pour veiller aux signaux que pourraient faire les autres, et les communiquer à l'instant à son chef.

ART. 2. Pendant le jour, le poste qui serait attaqué, ou réclamerait quelques secours, fera avec des boules noires le signal qui porte le n° de son poste. Ce signal devra être instantanément répété par le poste Cavaillon, numéro 4, comme étant le plus élevé, et reproduit de suite par tous les autres.

ART. 3. Pour les signaux de nuit, l'emploi des boules sera remplacé par celui de lanternes.

ART. 4. Une fois le poste secouru ou son danger passé, il devra amener son signal.

ART. 5. Chaque poste devra posséder quatre boules noires et quatre lanternes affectées aux signaux.

ART. 6. Le jour, une boule noire, et la nuit, une lanterne,

resteront hissées au mât des signaux, tant que durera la réunion dans les postes.

Art. 7. Un tableau pareil sera déposé à l'administration de chaque poste.

Art. 8, Les postes porteront les numéros suivants :

Nos 1. Consulat.	Nos 6. Maison Recaete.
2. Barraca Duplessis.	7. — Capendeguy.
3. Fonda Hymonet.	8. Café Uruguay.
4. Maison Cavaillon.	9. Boulangerie Robillard.
5. Martin Cazenave.	10. Trinquet, Valentin.

Nota. — Lorsque le signal n° 11 sera hissé, chaque chef de poste enverra au poste Cavaillon un homme de confiance pour y recevoir des ordres.

Extrait du registre des actes passés en la chancellerie du consulat général de France à Montevideo.

PROTESTATION CONTRE M. THÉODORE PICHON, CONSUL GÉNÉRAL DE FRANCE A MONTEVIDEO.

Par-devant nous, Louis-Frédéric-Arsène Isabelle, chancelier titulaire du consulat général de France à Montevideo, capitale de la République Orientale de l'Uruguay, et en présence des témoins ci-après nommés, cejourd'hui 21 juin 1843, a comparu : M. Frédéric Des Brosses, négociant français, demeurant présentement à Montevideo, et immatriculé en ce consulat sous le n° 2034, lequel nous a exposé : qu'ayant fait un testament olographe, il avait cru utile aux intérêts de ses héritiers d'en opérer le dépôt en ce consulat; qu'à cet effet il se présenta en cette chancellerie le 12 du courant, avec un pli cacheté contenant ledit testament, mais que le chancelier soussigné, auquel il s'adressa, lui ayant déclaré qu'à raison des circonstances particulières dans lesquelles le comparant se trouvait, il ne pouvait recevoir ce dépôt sans l'autorisation du consul général, en présence duquel il devait être effectué, ledit comparant s'était alors présenté devant M. Théodore Pichon, consul général de France, à l'effet d'obtenir de lui cette autorisation; qu'elle lui fut d'abord accordée comme une grâce spéciale, qu'il n'avait pas cru, vu les circonstances difficiles dans lesquelles nous nous trouvons, devoir discuter sur les mots et qu'il avait jugé plus convenable d'accepter l'offre du consul, dans l'intérêt de ses héritiers; mais qu'après trois jours de délai et de mûre réflexion, M. le consul ayant considéré que le comparant se trouvait définitivement déchu de sa qualité de Français, pour avoir pris une part active à l'armement de la population française et s'être armé lui-même, on lui avait fait savoir que ce dépôt ne pouvait être reçu qu'avec une restriction que M. le consul général se réservait de formuler en signant l'acte, exigence à laquelle le comparant ne voulut point obtempérer, parce que : 1° il ne se croit dans aucun des cas prévus par les art. 17 et 21 du Code civil, pour être déchu de sa qualité de Français, attendu que, comme membre de la population française, armée spontanément, il n'a fait qu'user, comme elle, du droit légitime de défense; 2° il n'appartient qu'au gouvernement français de statuer définitivement sur la question délicate que M. le consul prétend trancher de son autorité privée; 3° en admettant même (ce qui pourtant n'est pas admissible) que le comparant fût privé de ses droits civils par la perte de sa qualité de Français, M. le consul ne peut nier qu'aux termes des art. 10 et 19 du même Code, la femme et les enfants de M. F. Des Brosses, résidant en France, seraient parfaitement Français au moment de l'ouverture de la succession de leur auteur, et que, conséquemment, il ne s'agissait, au fond, que d'un acte conservatoire dans l'intérêt des héritiers absents, acte qui, du reste, ne faisant rien préjuger sur la nationalité du comparant, du moment que les étrangers peuvent déposer et déposent souvent, en effet, leur testament chez les notaires de France. Par tous ces motifs, fondés en droit et en raison, M. F. Des Brosses, comparant, déclare que s'étant trouvé dans la désagréable nécessité d'avoir recours au consulat de S. M. Britannique, pour l'accomplissement d'une formalité indispensable, il se voit également forcé de protester, comme en effet il proteste par ces présentes de la manière la plus formelle, contre l'espèce de déni de justice commis à son égard par M. Théodore Pichon, consul général de France, en refusant d'autoriser le chancelier titulaire du même consulat à recevoir le dépôt pur et simple dudit testament, ledit comparant entendant réserver par le présent protêt le recours de ses héritiers contre ledit M. Théodore Pichon, s'il arrivait que par le défaut de la formalité réclamée par le comparant, lesdits héritiers venaient à éprouver quelque dommage ou préjudice lors de l'ouverture de sa succession. Dont acte fait et passé en la chancellerie du consulat général de France à Montevideo, à la requête de M. F. Des Brosses, en présence de MM. Eugène Raymond, négociant, et Pierre Barthélemy Banon, pharmacien, tous deux Français patentés, domiciliés en cette ville et immatriculés en ce consulat, lesquels ont signé avec nous, chancelier titulaire, ainsi que le comparant après lecture faite.

Signé, N..., Eugène RAYMOND, Pierre-Barth. BANON.

Le chancelier titulaire du consulat général de France,
Signé, Arsène ISABELLE.

Collationné et certifié conforme par moi, chancelier titulaire du consulat général de France, soussigné.

Montevideo, le 23 juin 1843.

Arsène ISABELLE.

Vu pour légalisation de la signature de M. Arsène Isabelle en sa qualité.

Montevideo, le 23 juin 1843.

Le consul général de France,
Théodore PICHON.

DOCUMENT N° 13 (*).

Protestation de la population française établie dans la République Orientale, contre M. le vice-amiral Massieu de Clerval, commandant la station de la Plata.

Nous, soussignés, Français résidant sur le territoire de la République Orientale, déclarons que M. le vice-amiral Massieu de Clerval, commandant en chef les forces navales françaises au Brésil et dans les eaux de la Plata, en ce moment devant notre port, sur la frégate la *Gloire*, a méconnu ses devoirs et sacrifié nos intérêts,

1° En restant obstinément à Rio-de-Janeiro, lorsqu'il savait que les événements politiques des deux républiques de la Plata réclamaient impérieusement sa présence parmi nous;

2° En ne venant pas prendre lui-même sur les lieux les renseignements qu'il était de son devoir de transmettre au gouvernement du roi, connaissant, comme il devait le connaître par l'expérience d'un premier voyage ici et à Buenos-Ayres, et par les informations qui lui furent alors données, le caractère sauvage et féroce de l'ennemi qui nous menace;

(*) Cette pièce a été aussi remise à M. le ministre des affaires étrangères.

3° En répondant aux membres de la commission chargés de lui remettre la respectueuse représentation à lui adressée au nom de la population française résidant sur le territoire de la République Orientale, que le *blocus était reconnu*, que nous n'avions rien à espérer du commandant en chef de nos forces navales, et que le seul secours qu'il lui fût possible de nous accorder était de nous recevoir à bord de ses navires, si le gouvernement oriental nous forçait à quitter le pays, au cas que nous ne voulussions pas prendre les armes;

4° En jetant dans la perturbation, dans le désespoir, une population de près de quinze mille individus, hommes, femmes et enfants, par l'adoption du blocus de notre port, mesure alors en suspens, sinon tout-à-fait repoussée par les forces de la Grande-Bretagne, et depuis entièrement rejeté par cette puissance et par l'amiral lui-même;

5° En consentant à ce que les bâtiments de son escadre visitassent les bâtiments venant d'Europe, établissant lui-même le blocus contre ses propres nationaux au profit de Rosas, qu'il déchargeait ainsi de tout l'odieux de cette mesure; en ordonnant à ces mêmes bâtiments sous ses ordres de visiter ceux de nos navires marchands qui sortiraient du port pour aller porter, sur les divers points de la côte encore au pouvoir du gouvernement de la république reconnue par la France, les hommes, les munitions ou les vivres que ledit gouvernement pourrait envoyer pour secourir ses propres troupes, lorsqu'il était patent que ces secours pouvaient être portés par des navires naviguant sous le pavillon anglais.

6° En s'associant à M. Pichon, consul général de France, pour nous menacer de la perte de nos droits de Français si nous prenions les armes pour notre propre défense, lorsqu'il était notoire que l'abandon dans lequel nous avaient laissés lui et M. le consul général, nous avait seul contraints à adopter cette mesure comme l'unique ressource qui nous restât;

7° En tenant éloignés de lui, par le froid accueil fait à notre députation, ceux d'entre nous qui auraient pu lui donner des renseignements précis sur le pays, après la connaissance acquise par lui des données inexactes transmises par le consul général, données tellement fausses qu'il s'est vu contraint de refuser un blocus hâtivement accepté par lui;

8° En nous refusant toute communication de ses actes, des mesures qu'il a jugé convenable de prendre, lorsque l'incertitude dans laquelle nous vivons est, par elle-même, une souffrance qui demande quelque soulagement, souffrance d'autant plus grande, abandon d'autant plus cruel, que nous sommes témoins de l'intérêt que les sujets d'une autre puissance inspirent au commandant en chef des forces navales de la Grande-Bretagne;

9° En ne réclamant pas, comme l'a fait le commodore anglais Purvis, le retrait de la circulaire du général Oribe, nous laissant, par ce coupable abandon, à la merci du cruel lieutenant de Rosas.

Par ces causes, nous déclarons que M. l'amiral Massieu de Clerval a méconnu ses devoirs et sacrifié nos intérêts.

En conséquence, nous déclarons protester et nous protestons contre la conduite de M. le vice-amiral Massieu de Clerval, dont le pavillon flotte sur la frégate la *Gloire*, le rendant responsable, en ce qui le concerne, des pertes, dommages et malheurs que les événements actuels pourront nous causer.

En foi de quoi nous, Français résidant sur le territoire de la République Orientale, signons le présent acte de protestation contre M. le vice-amiral commandant en chef les forces navales françaises au Brésil et dans les eaux de la Plata.

Fait triple à Montevideo, le 1er juin 1843.

DOCUMENT N° 14.

Réponse du Commodore Purvis aux résidents anglais.

Frégate de S. M. B. *Alfred*, en rade de Montevideo, le 9 avril 1843.

A M. le proconsul de S. M. B. à Montevideo.

Monsieur,

J'ai l'honneur de vous accuser réception de votre lettre en date d'hier, 8 courant, à laquelle était jointe la pétition d'un grand nombre d'Anglais résidant dans cette ville, pour être protégés.

Veuillez, pour réponse, les informer qu'ils peuvent être sûrs que *l'existence et les propriétés des citoyens anglais* seront défendues par moi, *aussi long-temps qu'existera* celui qui commande les forces, prêtes à les faires respecter.

J'ai l'honneur d'être, etc.

Signé, Commodore PURVIS.

A Jean Pownal Dale Esquire, consul général intérimaire de S. M. B.

Alfred, devant Montevideo, 23 avril 1843.

Comme il circule à Buenos-Ayres diverses rumeurs, qui nécessairement arriveront en Europe, relatives aux mesures adoptées par moi pour faire retirer la circulaire émanée du général Oribe, je profite de cette circonstance pour vous communiquer toute la correspondance échangée à ce sujet, pour qu'elle arrive à la connaissance des commerçants résidant à Montevideo. J'en transmettrai copie conforme au consul de Buenos-Ayres pour que les commerçants qui y résident comprennent bien, quoique quelques uns d'entre eux m'aient accordé la faveur de donner cours à des expressions qui me condamnent, qu'ils me trouveront cependant toujours prêt, quand ils m'appelleront pour les aider et les assister; également zélé pour la conservation de leurs personnes et de leurs propriétés, et toujours disposé à tout faire pour l'honneur et la dignité de notre pays.

Je suis, Monsieur, votre très humble serviteur.

J. B. PURVIS, commodore.

Au brigadier général D. Manuel Oribe, commandant l'avant-garde de l'armée de la République Argentine.

Frégate de S. M. B. *Alfred*, devant Montevideo, 9 avril 1843.

Monsieur,

Le proconsul général de S. M. B. m'a donné copie de votre circulaire, en date du 1er du courant, et adressée à lui, dans laquelle vous déclarez que vous ne respecterez pas comme étrangers les sujets des autres nations qui feront usage de leur influence, ou qui prendront les armes en faveur de ceux que vous appelez les *sauvages unitaires*, contre la cause que vous soutenez, vous et ceux qui vous obéissent; qu'au contraire, ils seront dans ce cas considérés comme rebelles *sauvages unitaires*, et traités sans aucune distinction.

La violence qui se découvre dans cet étrange document, dont la sagesse, la politique et l'exécution doivent être dans leur résultat la conséquence des vues du gouvernement de Buenos-Ayres, la cruauté des menaces qu'il contient et le langage dans lequel il est conçu, sont tels que, dans mon opinion, *les petits états de Barbarie* même en rougiraient ; de plus le dernier châtiment pèse sur ceux qui encourent une accusation aussi vague que celle d'user de son influence en faveur d'un parti politique; cela n'est fondé sur aucun principe de justice, ni sur les droits d'une guerre loyale; cela ne sert qu'à corroborer l'atroce esprit de cruauté sous l'influence duquel cette guerre s'est faite et se fait encore; ce qui a attiré les reproches et l'attention de tout le monde.

Par ces motifs, une attention sérieuse pour la vie et les intérêts des sujets de S. M. B. la reine de la Grande-Bretagne, auxquels je suis obligé de donner protection en cas de danger, m'oblige de déclarer que, tant que je n'aurai pas de votre part une garantie suffisante contre ces menaces, elles ne seront mises à exécution en aucune occurrence, jusqu'à ce que je sois positivement assuré que les existences et les propriétés anglaises ne seront d'aucune façon mises en péril; je ne souffrirai jamais qu'il soit commis aucune hostilité pouvant inquiéter les sujets britanniques résidant dans la ville de Montevideo.

J'ai l'honneur d'être, Monsieur, votre très humble serviteur.

Signé, J.-B. Purvis,

Commodore, commandant les navires et bâtiments employés sur la côte occidentale de l'Amérique méridionale.

Le Président légal *de la République à M. le Commodore commandant en chef les forces navales de S. M. B. sur la côte occidentale de l'Amérique du sud.*

Quartier général, 12 avril 1843.

Le soussigné a reçu la lettre du commodore commandant en chef les forces navales de S. M. B. sur la côte occidentale de l'Amérique du sud, du 9 courant, dans laquelle, se reportant à la note du soussigné, en date du 1er du courant, adressée par lui au proconsul général de S. M. B., et dont copie a été communiquée au commodore, il se plaint de la violence et de la cruauté dont la note susdite est empreinte, et même des termes dans lesquels elle est conçue, et termine en disant que, s'il n'est pas suffisamment garanti que la vie et les propriétés des Anglais ne seront aucunement mises en danger, il ne consentira à l'exécution d'aucun acte hostile qui pourrait les mettre en péril.

Le commodore fonde cette déclaration sur la supposition que la note du soussigné, mentionnée plus haut, renferme le sens suivant : « Qu'il ne respectera pas comme étrangers les sujets « des autres nations qui usent de leur influence ou qui pren- « nent parti en faveur des rebelles, etc. »

Le soussigné est peiné qu'une interprétation forcée de sa note donne occasion à des altercations désagréables dans lesquelles les principes se disputent rarement avec calme, ou leur explication précise est souvent écartée, à moins qu'on n'use d'une grande circonspection pour laisser de côté tout ce qui peut troubler le bien de la paix et les intérêts internationaux.

La note à laquelle se reporte le commodore ne dit pas que le soussigné traitera *comme rebelles sauvages unitaires les étrangers qui usent de leur influence ou qui prennent les armes en leur faveur;* seulement, si cette influence est mise en jeu pour attirer des partisans aux rebelles sauvages unitaires, si, poussés par l'intérêt, ou pour tout autre motif, les étrangers prennent les armes avec eux, ils seront traités, sans aucune distinction, comme les rebelles sauvages unitaires.

Tomar partido dans le sens naturel, ordinaire, précis, *inéquivocable* de la langue espagnole, c'est travailler conjointement avec d'autres pour un même objet, c'est contracter les mêmes engagements, s'assujettir aux mêmes obligations; et, lorsqu'il s'agit de questions militaires, c'est prendre les armes et s'enrôler dans les rangs des combattants.

C'est à ceux-là qu'est adressée la disposition de la note qui les menace d'être traités comme sauvages unitaires, et cela est d'autant plus urgent qu'il est exprimé dans la même note que plusieurs sujets FRANÇAIS et SARDES, selon les informations spéciales reçues par le soussigné, avaient pris parti et s'étaient enrôlés avec les sauvages unitaires, intimidés principalement par le décret barbare de ceux-ci, qui les menace d'être expulsés de la capitale, et qui ne leur laisse d'autre alternative que de mourir de misère, ou de perdre leurs droits, leur nationalité, leur drapeau, pour se sacrifier à la plus infâme de toutes les causes. Voilà qui est cruel! voilà qui est atroce et inouï!

Il était nécessaire de leur montrer ce à quoi ils s'exposaient, les risques qu'ils allaient courir, quelles seraient les conséquences de leur erreur, parce que, sous ce point de vue, il était naturel que leurs séducteurs cherchassent à les tromper.

Le soussigné croit, et c'est son plus sincère désir, que cette explication franche et naturelle suffira pour tranquilliser et satisfaire le commodore, et qu'il verra par là que les propriétés et les sujets anglais qui ne seront pas dans le cas prévu par la note du 1er du courant, et dont le soussigné vient d'expliquer le sens, se trouvent sous la protection des droits internationaux, de même que la vie et les propriétés des sujets des autres nations.

Cette lettre n'étant à autre fin, le soussigné salue le commodore avec estime et considération.

Signé, Manuel ORIBE.

Au brigadier général D. Manuel Oribe, commandant l'avant-garde de la République Argentine.

Frégate de S. M. B. *Alfred*, devant Montevideo, 13 avril 1843.

Monsieur,

J'ai reçu votre note en réponse à la mienne du 9 courant, et l'ambiguité de vos explications fait que j'exige que vous retiriez celle adressée par vous au proconsul de S. M. B. avant que j'engage une correspondance ultérieure relative à la garantie qui peut assurer la vie et les propriétés des Anglais.

J'ai l'honneur d'être, Monsieur, votre très humble serviteur.

Signé, J. B. Purvis, commodore.

Au commodore Brown, chef de l'escadre argentine devant Montevideo.

Frégate de S. M. B. *Alfred*, devant Montevideo, 13 avril 1843.

Monsieur,

Je vous transmets copie de ma lettre d'aujourd'hui adressée au brigadier général Oribe, et, jusqu'à ce qu'il soit satisfait à ma demande, je ne permettrai pas à l'escadre argentine de changer de position ni de commettre aucun acte d'hostilité.

Je suis, Monsieur, votre très humble serviteur.

Signé, J. B. Purvis, commodore.

A J. B. Purvis, commodore, commandant les bâtiments de S. M B. dans la station de l'Amérique méridionale.

Général Belgrano, devant Montevideo, 13 avril 1843.

Monsieur,

J'ai reçu comme je le devais votre lettre du 13 courant avec copie d'une lettre de la même date adressée au brigadier général

Oribe, et votre déclaration que, tant qu'on n'aurait pas satisfait à votre demande contenue dans ladite lettre, vous ne permettrez pas que l'escadre argentine change de position ou commette un acte quelconque d'hostilité contre Montevideo.

J'ai l'honneur d'être, Monsieur, votre très obéissant serviteur.

Signé, Guillaume BROWN.

Le président légal *de la République au commodore, commandant en chef les forces navales britanniques sur la côte occidentale de l'Amérique du sud.*

Quartier général, 14 avril 1843.

Le soussigné a reçu la note de M. le commandant des forces navales britanniques sur la côte occidentale de l'Amérique du sud, note dans laquelle, avant d'entrer dans une correspondance ultérieure pour obtenir garantie de la vie et des propriétés britanniques, il demande que le soussigné retire sa note du 1er du courant, adressée au proconsul général de S. M. B. à Montevideo.

Comme le soussigné, en adressant la note du 1er du courant au proconsul général, n'avait pas d'autre idée que celle exprimée dans les explications données dans sa lettre du 11, il n'hésite pas à retirer la note précitée; et, pour cet objet, il adresse une lettre ci-jointe au proconsul général. — Cette lettre n'étant à autre fin, le soussigné renouvelle au commodore l'assurance de son estime et de sa considération.

Signé, Manuel ORIBE.

Au brigadier général D. Manuel Oribe, commandant l'avant garde de l'armée de la République Argentine.

Frégate de S. M. B. *Alfred*, devant Montevideo, 15 avril 1843.

Monsieur,

J'ai reçu avec satisfaction votre communication du 14 courant. J'ai eu l'honneur de vous indiquer par ma lettre du 13 courant, que je considérais l'explication contenue dans votre lettre du 11, relative à votre circulaire, comme très ambiguë et très peu satisfaisante, et que je désirais que ce document fût retiré.

Comme vous tenez à vouloir me faire accepter ces explications comme concluantes, il est de mon devoir de vous détromper, et de vous dire que l'honneur et la dignité du pavillon britannique exigent que j'insiste pour que la circulaire et la lettre explicative soient retirées et qu'il soit donné assurance au proconsul général que la vie et les propriétés des Anglais seront respectées par les forces argentines tant par mer que par terre.

J'ai l'honneur d'être, Monsieur, votre très humble et très obéissant serviteur.

Signé, J. B. Purvis, commodore.

Le président légal *de la République, au commodore commandant en chef les forces navales britanniques sur la côte occidentale de l'Amérique du sud.*

Quartier général, 17 avril 1843.

La lettre ci-jointe, adressée au proconsul de S. M. B. à Montevideo, contient l'assurance que la vie et les propriétés des Anglais seront respectées tant sur mer que sur terre, selon le droit des gens.

C'est une satisfaction pour le soussigné de garantir ce respect, parce que c'est une chose juste et conforme à ses désirs.

Cette lettre n'étant à autre fin, le soussigné salue le commodore avec considération.

Signé, Manuel Oribe.

Le président légal *de la République au Proconsul général de S. M. B. à Montevideo.*

Quartier général, 17 avril 1843.

Après l'échange de plusieurs communications avec le commodore, commandant en chef les forces navales de S. M. B. sur la côte occidentale de l'Amérique du sud, relativement à la note que le soussigné a eu l'honneur de vous adresser le 1er du courant, ledit commodore a insisté pour que le soussigné lui assurât que la vie et les propriétés des sujets britanniques seraient respectées sur mer et sur terre par les forces aux ordres du soussigné.

Comme cette *instance* ne suppose aucune exigence injuste et est conforme aux désirs du soussigné, celui-ci n'hésite pas à assurer au proconsul que la vie et les propriétés des Anglais seront respectées sur terre et sur mer par les forces aux ordres du soussigné, et conformément à sa volonté.

Cette lettre n'étant à autre fin, le soussigné salue le proconsul général de S. M. B. avec estime et considération.

Signé, Manuel Oribe.

J'ai reçu des mains du commandant de la corvette le *Fantôme* les deux notes du 1er et du 14 du courant, adressées par moi au proconsul général de S. M. B. à Montevideo, et celle du 11 du même mois, adressée au commodore commandant les forces navales de S. M. B. sur la côte occidentale de l'Amérique du sud.

Quartier général au Cerrito, 18 avril 1843.

Signé, Manuel Oribe.

DOCUMENT N° 15.

REJET DE LA MÉDIATION ANGLO-FRANÇAISE (*).

A S. E. M. Arana, ministre des relations extérieures du Gouvernement de Buenos-Ayres, etc., etc., etc.

Buenos-Ayres, 30 août 1842.

Monsieur,

Conformément au désir exprimé hier par votre excellence, à

(*) Nous prions de remarquer combien sont insultants pour les ministres étrangers les termes dont se sert Rosas, même dans ses notes officielles, à l'égard d'un gouvernement qui est toujours notre ami, et fut naguère notre allié. Le langage employé par ce dernier donnera d'ailleurs une idée de la différence qui existe entre eux, et fera vivement ressortir de quel côté est la modération, la justice et la civilisation.

M. Mandeville et à moi, de voir consigner par écrit la proposition que nous avons eu l'honneur de lui faire, dans notre conférence du 24 courant, au sujet de la médiation, je reproduis aujourd'hui sous cette forme ce que j'ai déclaré de vive voix à V. E. dans cet entretien, ainsi que ses propres observations.

M. Mandeville a d'abord fait entendre à V. E. qu'elle avait déjà connaissance du motif de notre visite par sa conversation antérieure avec V. E., et que, d'un autre côté, ce motif n'était déjà plus un secret, puisqu'il avait été l'occasion d'articles dans les journaux de Montevideo, et avait été, pendant quelques semaines, le sujet des conversations de cette ville; que, publique ou secrète, cette démarche était de la plus haute importance pour ce pays, et d'un grand intérêt pour la France et pour l'Angleterre, puisqu'il s'agissait de décider le général Rosas à accepter la médiation de la France et de l'Angleterre, médiation dont l'offre formelle a été faite dans le moment, tant par M. Mandeville que par moi, au gouvernement de Buenos-Ayres, afin de mettre un terme à la lutte déplorable dans laquelle sont engagés depuis si long-temps Buenos-Ayres et Montevideo.

M. Mandeville ajouta qu'il était certain que Montevideo désirait vivement faire la paix avec Buenos-Ayres à des conditions justes et raisonnables, et qu'il pourrait, dans le cas nécessaire, donner des preuves de cette disposition; que la déclaration faite antérieurement par le général Rosas d'accepter la médiation de la Grande-Bretagne, *sous la condition* que le général Oribe serait rétabli au pouvoir, *était inadmissible*, et qu'il était évidemment impossible que le gouvernement anglais et le gouvernement français sanctionnassent par leur médiation le désir du général Rosas d'élever à la présidence de Montevideo quelque personne que ce fût, et quelles que fussent d'ailleurs ses qualités personnelles, si cette personne ne réunissait pas la majorité des suffrages de la République Orientale; qu'enfin, les deux gouvernements ne pouvaient offrir à l'une ou à l'autre des deux parties belligérantes que des conditions auxquelles une république indépendante pût se soumettre honorablement.

M. Mandeville a ensuite déclaré à V. E. que le gouvernement de S. M. britannique se plaisait à croire que le Gouvernement Argentin accepterait l'offre faite par la France et la Grande-Bretagne d'intervenir comme puissances médiatrices entre Buenos-Ayres et Montevideo, à des conditions justes et raisonnables, et qu'il nous autoriserait à faire à la république de l'Uruguay des propositions de paix assises sur des bases modérées et honorables. M. Mandeville assura à V. E. que cette offre était dictée par des sentiments d'humanité et d'un vif intérêt pour la prospérité des deux Républiques voisines, et que son gouvernement espérait fermement, et je fis moi-même cette déclaration à V. E. au nom de la France, que le gouvernement de Buenos-Ayres ferait les plus sérieuses réflexions avant de se décider à repousser l'intervention amicale qui aujourd'hui lui est offerte par deux grandes puissances. M. Mandeville termina en exhortant V. E. à user de toute son influence auprès du général Rosas, comme son ami et comme son conseiller, afin de l'engager à accepter l'offre de la médiation dans les termes qui venaient de lui être proposés.

V. E. répliqua qu'elle ne pouvait nous donner d'autre réponse que la promesse de soumettre au général Rosas la communication que nous venions de lui faire, et de le faire le soir même ; ensuite, s'adressant à moi, V. E. me dit que, sans doute, je devais avoir connaissance de la réponse qui avait été faite l'année passée au ministre anglais sur le même sujet, parce que vous aviez donné copie de cette réponse à M. Lefèvre de Bécourt. — Ni le ministre anglais ni moi nous n'avons manifesté le désir de nous en rapporter à cette réponse et de la discuter ; mais le ministre anglais s'est réuni à moi pour solliciter les bons offices de V. E., afin d'assurer un bon résultat à notre proposition.

V. E. nous répondit immédiatement qu'elle rendrait compte à M. le gouverneur des vifs désirs des deux ministres, avec tout l'intérêt que mérite une affaire si délicate et si importante.

Cette dernière observation de V. E. termina la conférence, et nous prîmes congé de V. E., pleins d'espoir que le général Rosas, se livrant aux inspirations de son jugement droit et de son caractère généreux, encore secondés par votre influence favorable, n'hésiterait pas à accepter l'offre faite par la France et la Grande-Bretagne pour mettre un terme à la guerre. Ce résultat, réclamé par l'intérêt de l'humanité et de la prospérité des deux Républiques, est ardemment désiré par l'Europe entière, ainsi que par le gouvernement et les citoyens de Montevideo, *qui ne demandent que la paix,* et l'exercice *d'un droit à coup sûr très légitime,* celui de *choisir eux-mêmes* leur gouvernement.

J'ai l'honneur de renouveler à V. E. l'assurance de ma haute considération.

Comte de Lurde.

VIVE LA CONFÉDÉRATION ARGENTINE!

A S. E. M. le comte de Lurde, ministre plénipotentiaire de S. M. le roi des Français.

Buenos-Ayres, 18 octobre 1842, an 33e de la liberté, 27e de l'indépendance et 13e de la Confédération Argentine.

Ministère des relations extérieures du gouvernement de Buenos-Ayres.

Le soussigné a eu l'honneur de présenter à son gouvernement votre honorable note, en date du 30 août dernier, dans laquelle V. E., conformément au désir exprimé tant par V. E. que par S. E. le ministre britannique, pour mettre un terme à la lutte déplorable dans laquelle sont engagés depuis si long-temps Buenos-Ayres et Montevideo, que la conversation tenue pendant l'entrevue dont vous parlez fut consignée par écrit, et, en reproduisant sous cette forme la substance de ce qui a été dit de vive voix, manifester ainsi le sens des paroles prononcées par M. le ministre britannique, à savoir :

Le gouvernement argentin, par l'ordre duquel le soussigné a l'honneur de répondre à la note précitée, apprécie, comme il le doit, la générosité officieuse avec laquelle le gouvernement de S. M. le roi des Français propose de mettre un terme à la lutte déplorable à laquelle cette république a été provoquée par Rivera, à l'époque où elle venait de subir un blocus sérieux et de sortir honorablement d'autres épreuves. Convaincu d'avoir pour lui la justice, fort de la confiance que lui inspirent les nobles sympathies d'un illustre gouvernement, observateur impartial des persévérantes agressions par lesquelles on a violé le territoire, l'honneur, la sécurité et les droits les plus chers de la confédération, il se flatte que S. M. lui fera l'honneur de croire qu'il n'a apporté dans cette lutte d'autres intentions que celles de consolider sa propre existence, de demander compte d'injures qu'il n'avait pas provoquées, et d'assurer son repos et sa tranquillité troublés par une guerre déclarée avec bassesse, soutenue avec déshonneur, continuée avec infamie, et qu'on veut perpétuer par des perfidies. Il vous remercie vivement de la bienveillance flatteuse avec laquelle V. E. a reconnu la rectitude d'esprit du général Rosas et la générosité de son caractère, et il espère que vous lui rendrez la justice de le considérer comme engagé à prolonger cette guerre sans aucune obstination personnelle, et comme animé du plus sincère désir d'éloigner de ces deux états les calamités qui sont la suite d'une guerre trop longue; et, bien qu'il soit extrêmement sensible pour S. E. M. le gouverneur de voir les titres d'un intrus égalés à ceux d'une autorité éminemment populaire et légale, bien que la notoriété des faits consignés dans la note du 3 septembre de l'an dernier, ait donné au monde civilisé une preuve irréprochable de la justice du gouvernement argentin dans cette circonstance, cependant la haute considération que mérite le gouvernement de S. M. le roi des Français, et le cordial désir du gouvernement argentin, et de S. E. M. le gouverneur en particulier, de multiplier les preuves signalées d'amitié et de sincérité vis-à-vis du cabinet de S. M., lui imposent l'agréable obligation de répondre à tant de marques de bienveillance et d'officieuse estime, en entrant dans de franches explications qui détruiront, il l'espère, les doutes quels qu'ils soient, auxquels pourrait encore donner lieu ce point, éclairé déjà d'une si grande lumière, et qui constitue la vie de la confédération argentine.

Le gouvernement argentin désire la paix avec toutes les nations de la terre; il la cherche et il en a besoin, parce qu'elle seule fait la félicité et la prospérité des citoyens. Pour obtenir un bien si précieux, il s'est vu et il se voit encore dans la nécessité indispensable de s'armer contre un chef de bande qui trouble la paix en se faisant le protecteur des ennemis intérieurs de cette république, en excitant les peuples confédérés et en favorisant tous les crimes et tous les troubles de l'anarchie.

La république a, par d'immenses sacrifices, surmonté les difficultés fomentées dans cette république par des moyens aussi réprouvés, sans autre appui que celui de la générosité et du patriotisme de ses enfants; et, sans avoir le choix possible ni honorable de reculer dans une querelle aussi vitale que sanglante; pour ce bien suprême de l'humanité, pour la prospérité des deux républiques, les citoyens de la confédération courant aux armes, abandonnant leurs familles, leurs travaux et les intérêts les plus chers, ont combattu héroïquement dans un grand nombre de batailles contre les hordes des *Sauvages Unitaires*, armés, fournis de munitions et protégés par *un chef de bande anarchique;* ils ont juré plus d'une fois de ne déposer les armes qu'après avoir obtenu les gages d'une paix solide et permanente, d'une paix qui, en donnant des garanties d'ordre et de stabilité au peuple oriental contre de nouveaux attentats de l'anarchie et de la trahison, en donnerait aussi à la confédération argentine pour l'avenir; d'une paix qui, dans son sein paisible, ne verrait plus s'agiter dans ce pays, avec une effrayante activité, comme l'a fait constamment Rivera et son exécrable bande, les instruments du ravage et de la destruction; d'une paix dont les bienfaits et l'influence empêcheraient les promoteurs pervers de tous les maux qui ont affligé la patrie, de pouvoir recommencer àl a plonger dans un abîme de malheurs.

En prenant les armes dans cette lutte, le gouvernement argentin ne s'est pas proposé de faire, et n'a point fait encore la guerre à la République Orientale; il ne la regarde pas, il ne peut ni ne doit la regarder comme ennemie. Il voit que parmi ses fils, dignes défenseurs des lois, les uns déplorent l'humiliante position dans laquelle les a placés un rebelle mutiné, et les autres, émigrés de leur pays opprimé, ont préféré venir mêler leur sang avec celui des Argentins dans les combats pour la liberté et l'indépendance. Il voit que les sauvages unitaires, en s'associant à Rivera pour assujettir le gouvernement légal et se révolter contre la constitution jurée, sont les principaux moyens de pouvoir sur lesquels il compte pour se maintenir dans l'autorité qu'il a usurpée; qu'avec leur coopération il a déclaré et soutenu la guerre contre la fédération, et qu'ils sont les principaux instruments avec lesquels il exécute ses plans perfides contre le bien-être et l'ordre de cette république. Il voit que ceux-là même qui lui ont prêté leurs services, sont ceux qui se prétendent en majorité, qui animent tous les esprits contre cette république, malgré le sentiment national de l'état oriental, et qui donnent une stabilité passagère au pouvoir de Rivera.

C'est donc contre lui et contre son infâme faction que la guerre a été et est faite par devoir, par honneur et par nécessité. Le gouvernement argentin, obligé de se défendre contre l'agression d'un voisin anarchique, répondit à sa perfide déclaration de guerre en mettant en usage, par des moyens réguliers et honorables, les forces nationales de la confédération pour détruire les horribles machinations de quelques déserteurs, pour rompre leur alliance avec les unitaires, implacables ennemis de la confédération, pour anéantir le germe d'une discorde perpétuelle et pour obtenir une paix sincère et véritablement solide, *incompatible avec l'existence politique de Rivera et de son abominable bande dans l'état oriental.*

La circonspection et la justice avec lesquels le gouvernement a adopté les principes admis par toutes lès nations, en continuant la guerre contre Rivera, au milieu des manœuvres ténébreuses et réprouvées employées par celui-ci pour bouleverser l'organisation de la confédération, ont pu alléger les maux auxquels cette république était exposée dans la présente lutte, sans avo.r pour résultat d'éviter les conséquences qu'elle a entraînées avec elle contre la prospérité et les positions individuelles; mais cela ne saurait être imputable au gouvernement argentin, à moins qu'il n'ait dû consentir à son abaissement, à la désolation et à la ruine du pays; cela est dû au funeste auteur de la guerre, à sa conduite anarchique, aux expéditions révolutionnaires qu'il a protégées et armées contre le territoire argentin, à l'incertitude dans laquelle il laisse les personnes et les propriétés, aux manéges secrets par le moyen desquels, pendant une période de plusieurs années, il a entretenu l'agitation dans toute la république, à l'aide de ses complices *les Sauvages Unitaires.*

Dans une pareille situation, plus périlleuse que la guerre même, le gouvernement argentin, convaincu que l'existence de Rivera dans le territoire n'est pas compatible avec l'ordre intérieur des deux états, a perdu pour toujours toute espérance dans la modération et la loyauté d'un homme dont l'administration réfractaire mine par la base notre administration politique, rend impossibles la tranquillité et la prospérité de nos provinces, trouble le système du commerce argentin, excite à des réactions anarchiques, et complique les relations de tous les peuples avec ce pays, administration avec laquelle une paix conclue, au lieu d'alléger ses malheurs, en accélérerait la marche, et, sans produire en échange aucun résultat heureux, placerait immédiatement la confédération dans des circonstances redoutables; le choix du gouvernement a donc dû tomber, *à son grand regret*, sur l'emploi des armes pour obtenir une paix véritable et permanente (*).

Dans cette décision, inspirée à la fois par le devoir et par l'instinct de la conservation, il est impossible de trouver quelque principe sans noblesse, susceptible de faire douter de la loyauté et de la bonne foi du gouvernement argentin; car, fidèle aux principes de la justice universelle, il a empêché toutes les conséquences funestes d'un scandale pernicieux pour la sécurité et la tranquillité de la république et destructeur du principe sur lequel se fondent les garanties publiques, principe qui seul suffit pour la justifier devant le monde d'avoir, lorsque la tranquillité de la confédération était rétablie au prix de torrents de sang et d'immenses sacrifices de toute espèce, porté ses armes jusqu'au camp dans lequel s'était retranché le complice de la bande sauvage des unitaires, principalement depuis sa récente incursion dans la province d'Entre-Rios, qu'il a saccagée et désolée, entamant des négociations avec les misérables restes d'une faction déjà vaincue dans cette province et celle de Santa-Fé, comme il avait fait antérieurement avec une autre faction de Corrientes pour obtenir de diriger la guerre contre cette république.

La violation de ces mêmes principes de justice universelle de la part de Rivera, et ses attentats constants contre le repos et la sécurité de la confédération, datent déjà de beaucoup d'années. Il a persévéré dans ses efforts pour intervenir dans les affaires intérieures de la confédération, alté-

(*) Tout ce qui précède n'est qu'une hypocrisie révoltante.

rant la paix, attaquant les lois, ruinant les bases de son existence et de son ordre social par des moyens perfides et déloyaux, semant les feux de l'anarchie et de la guerre civile, encourageant à l'insurrection contre le gouvernement national, soutenant les rebelles contre l'autorité de tous les secours nécessaires, leur donnant une nouvelle vie toutes les fois qu'ils ont été vaincus, et combinant ses hordes armées pour appuyer ces rebelles et pour exercer ses hostilités sur le territoire argentin.

Si, à cause de la distance du théâtre des événements, il a pu produire quelque illusion sur l'illustre gouvernement de S. M., pour engager sa bienveillance officieuse à terminer une guerre injuste dont lui-même a été le provocateur, le soussigné est persuadé que cette illusion sera aussi passagère que seront concluantes l'évidence et la notoriété des faits qui le proclament, aux yeux du monde entier, l'ennemi déloyal, habituel, acharné de la confédération (*).

Sans principes, sans éducation ni instruction aucune, il entra au service en 1811, sous les bannières de l'anarchie, répandant la désolation parmi le peuple oriental et faisant la guerre au gouverneur général de la république depuis 1812 jusqu'à 1816.

C'est à cette école, féconde en toutes les horreurs de l'anarchie, que Rivera fut élevé. Le territoire oriental ayant été occupé dans la même année 1816 par une armée portugaise, Rivera trahit la cause de la liberté et de l'indépendance de sa patrie, en passant à l'ennemi avec une division orientale qu'il avait sous ses ordres, et en contribuant efficacement à mettre ses compatriotes sous le joug des envahisseurs. C'est à cette action qu'il dut le grade de brigadier qui lui fut conféré. — L'acte célèbre du *Congrès cisplatin* fut l'œuvre exclusive de son influence, et ce fut là qu'il consomma sa trahison, en désorganisant la République Orientale et en la réunissant au Brésil, qui était alors colonie du Portugal. — Il trahit ensuite, en 1822, la cause du Portugal, et passa dans les rangs de l'armée du Brésil qui venait de se séparer de sa métropole. — En 1823, il combattit dans les rangs brésiliens contre les patriotes orientaux, armés pour recouvrer leur indépendance et leur liberté, et il les combattit jusqu'à les asservir entièrement, en causant la mort de quelques uns, l'exil de beaucoup d'entre eux. En 1825, il fut fait prisonnier par les trente-trois patriotes orientaux qui se soulevèrent, avec une héroïque intrépidité, pour mettre en avant et soutenir la gloire de leur patrie. — Comme l'enthousiasme était universel, et que, dans de telles circonstances, il ne lui restait pas d'autre recours, il offrit alors ses services à la cause de l'indépendance. — On lui donna la liberté à cette condition, et il trahit les Brésiliens. Sa loyauté fut toujours équivoque. — Dans l'action du *Rincon de Haedo*, il

(*) Tout ce qui suit n'est qu'un tissu de mensonges, d'inexactitudes et de viles calomnies.

prit des mesures évidemment calculées pour compromettre une division sous ses ordres; et ce fut grâce à la bravoure et à l'activité du fidèle oriental, général don Servando Gomez, qu'elle échappa à un désastre. A la bataille de Sarandi il est également notoire qu'il n'exigea pas, avec la colonne sous ses ordres, la reddition d'une partie de ses ennemis, et la laissa se retirer impunément du champ de bataille. En 1826, on intercepta la correspondance qu'il entretenait avec des généraux ennemis, et il s'enfuit de l'armée nationale. Le frère de Rivera, d'accord avec l'ennemi, se mit en insurrection ouverte comme second chef du corps que commandait Rivera. En 1828, Rivera se mit de nouveau en insurrection, et fut poursuivi et expulsé du territoire oriental. Réfugié dans *les Missions,* il revint en 1829, traînant avec lui des Indiens armés et des soldats, à l'époque où les troupes brésiliennes évacuaient le territoire oriental en vertu du traité de paix conclu en 1828. En ce temps-là le pays n'avait encore ni organisation, ni force militaire, et Rivera, au centre de la campagne, avec ses Indiens et ses vandales armés, épouvanta les comices, et se fit élire, en 1830, le premier président de la République Orientale.

A partir de cette époque, il s'occupa de secourir les sauvages unitaires émigrés, pour les aider à envahir le territoire argentin avec le dénaturé Lavalle à leur tête. Ceux-ci ayant été déroutés à leur première tentative, il vint à leur secours une seconde fois, puis une troisième; mais le résultat fut toujours le même. En 1834, uni et d'accord avec Santa-Cruz, il fit la guerre à la république argentine. *En* 1836, ayant accru sa bande de tous les sauvages unitaires décidés à la révolte, *et se joignant à des forces étrangères, il envahit l'île de Martin-Garcia.* En 1838, il négocia avec Beron de Astrada et Cullen la rupture du traité entre la Grande-Bretagne et cette république, fomenta l'insurrection de la province de Corrientes, appela aux armes et secourut nouvellement Lavalle, pour envahir l'Entre-Rios. En 1839, il déclara lâchement la guerre à cette république. En 1841, *il attenta, au moyen d'une machine infernale*, à la vie importante de S. E. M. le gouverneur et capitaine général de cette province; il envahit, saccagea et désola la province d'Entre-Rios, et, en 1842, il conclut une convention avec les restes des sauvages unitaires mis en fuite à Santa-Fé et dans l'Entre-Rios, pour être le chef de la guerre contre la république, en s'interposant, avec une audace incroyable, dans les arrangements domestiques de la confédération.

Un voisin aussi anarchique, perfide et turbulent pour l'éducation et le caractère, non seulement n'offre pas de garanties véritables de paix à la confédération; mais encore ses persévérantes agressions nous ont ôté même l'espérance de posséder la paix, tant que lui et les influences qu'il a créées subsisteront dans la République Orientale. Déloyal même avec les complices de ses attentats et de ses perfidies, il a rendu impossible l'adoption de moyens efficaces autres que ceux de la guerre, pour tarir la source des maux qui, depuis tant d'années, affligent la République. Non, ce n'est pas dans lui ni dans ceux de sa bande rebelle, qu'on trouvera le désir de la paix, ni l'ambition de nommer eux-mêmes leur gouverneur, ni le noble sentiment du patriotisme, ni une sincère manifestation de fidélité à la première des libertés constitutionnelles ; on n'y trouvera que la conscience du crime et de l'injustice de la guerre qu'ils soutiennent, ce qui prouve en eux la conviction de leur impuissance à lutter plus long-temps contre l'opinion qui leur résiste. Ce désir forcé de paix dénote en eux l'ébranlement, la démoralisation, et le besoin de sortir pour le moment des dangers qui les entourent, de sorte que, à la faveur de cette même paix et des funestes conséquences qui en seront immédiatement la suite, ils pourront, avec plus de succès, et sans être entravés par les exigences actuelles, qui sont le résultat de la guerre, bouleverser la confédération par leurs machinations ténébreuses. et la précipiter dans un chaos immense de calamités et de désolation.

Le Gouvernement Argentin n'a pas pour prétention, dans cette lutte, d'élever à la présidence de Montevideo un individu quelconque qui ne serait pas accepté par la majorité des Orientaux. Il a exposé les motifs justificatifs qui l'obligent à la guerre contre Rivera, et contre les autres funestes ennemis de la confédération commandés par lui dans l'Etat Oriental. S'il désire vivement *le rétablissement de l'autorité légale violemment expulsée,* c'est parce qu'il le regarde comme le seul moyen conciliable avec la paix, et parce que l'évidence même des faits prouve que ce rétablissement serait accueilli par l'assentiment de la majorité des Orientaux.

La majorité de tout pays coustitué d'après le système représentatif, ne peut se reconnaître que dans l'acte exercé par la première de ses libertés, c'est-à-dire, le droit d'élection. En 1835, la république jouissait d'une paix intérieure et extérieure. C'est dans cette circonstance que S. E. M. le brigadier général, don

Manuel Oribe, fut élu président de la république, par le vœu unanime des deux chambres réunies en assemblée générale. La nation manifesta son approbation jusqu'à l'enthousiasme, et célébra cette élection avec des démonstrations de joie publiques et spontanées. Cet acte de souveraineté est le dernier qu'ait exercé l'Etat Oriental, usant librement de son droit d'élection.

En juillet 1836, Rivera, dont l'autorité légale avait résolu d'arrêter les déprédations qui excitaient les plaintes des propriétaires de la campagne, voyant aussi que la vigilance du gouvernement avait empêché *l'assassinat qu'il voulait exécuter contre* S. E. M. le brigadier général don Manuel Oribe, se mit contre celui-ci en rébellion ouverte, avec l'appui des Indiens, des peuples des Missions et des sauvages unitaires réfugiés dans ce pays, plaçant à la tête de ces forces étrangères *l'exécrable Lavalle*. Comme ses premières tentatives n'avaient point eu de succès, il se réfugia au Brésil, et y demeura un an; en 1836, il revint encore pour envahir le territoire oriental, avec un secours de huit cents hommes, la plupart Brésiliens, qui se joignirent aux sauvages unitaires et aux Indiens, fut battu à la fin de la même année, à la bataille d'Yi, et obligé une seconde fois de se refugier au Brésil, d'où, étant revenu de nouveau, il parvint, en 1838, à battre et à mettre en déroute, avec ces troupes étrangères, l'armée du gouvernement légal, *et à s'unir avec les agents et le chef des forces navales de la nation française*. Aidé *de leur coopération*, il mena sa révolte à bonne fin, et renversa l'autorité constitutionnelle, *sans que le peuple oriental intervînt en rien* dans cette violente chute du pouvoir. Telle fut la conséquence d'un scandaleux attentat, *consommé exclusivement par les forces étrangères*, dont un rebelle se fit un appui, forces dans lesquelles figuraient principalement les sauvages unitaires exilés de cette république. La combinaison d'éléments si étrangers au peuple oriental, et les moyens réprouvés dont on se servit pour renverser violemment le gouvernement, moyens si peu en harmonie avec l'exercice de la souveraineté d'un peuple indépendant, firent bon marché du principe unique du pouvoir dans le système représentatif, universellement adopté par les républiques américaines, violèrent les droits essentiels du peuple oriental, attaquèrent la majesté de la souveraineté nationale, et ensevelirent la dignité et l'honneur des Orientaux.

L'impudente déclaration que publia le même Rivera, le 11 décembre 1838, et dans laquelle il se déclarait le représentant de la volonté publique, suspendait l'exercice des hauts pouvoirs constitutionnels, et dissolvait en conséquence les chambres législatives; cette déclaration par laquelle il substituait son autorité usurpée et ses cabales au libre usage des droits du peuple oricnral, fut l'ouvrage de la combinaison *des forces étrangères*, qui, s'unissant aux révoltés, étouffèrent le *libre vote* des Orientaux(*). En effet, ce fut sous l'influence de Rivera que les députés furent nommés, que les nouvelles chambres se formèrent, et lui donnèrent l'investiture de la présidence de la république. Or, les chambres dissoutes par cette déclaration sont les seules qui aient eu mission légale pour être l'expression de la véritable majorité dans l'état; les nouvelles chambres ne représentent que les instruments du pouvoir usurpateur de Rivera, qui s'est érigé en arbitre de cette république, sans en avoir reçu la mission directe du peuple.

L'examen *impartial* des faits qui précèdent suffit pour vous convaincre de la modération et de la justice du Gouvernement Argentin, lorsqu'il exprimait dans la note du 3 septembre de l'année passée, son désir du rétablissement de l'autorité légale, et pour démontrer que ce désir est compatible avec l'honneur d'un état indépendant. En effet, il est impossible de supposer que les Orientaux, méconnaissant leur propre dignité, leurs libertés constitutionnelles et les dangers que courent leur indépendance nationale, se soient soumis et se soumettent jamais, au détriment de leur honneur, à la dégradante incompétence d'un rebelle qui disposerait de leur sort, ni qu'ils aient autorisé une violence exercée contre la souveraineté de cet état. Et ces dangers doivent être regardés de jour en jour comme plus éminents, *à cause de l'affluence dans le pays d'une population étrangère*, capable de changer en peu de temps les institutions

(*) C'est *Rosas* qui ose ici parler de liberté!

de cette République, et de soumettre à une volonté étrangère l'indépendance nationale (*).

Après les explications qui précèdent, et pour conclure cette note, le soussigné, par ordre de son gouvernement, assure à V. E. qu'il se féliciterait de pouvoir reconnaître, par sa condescendance, la bienveillance officieuse du gouvernement de S. M. le roi des Français, si un accommodement pacifique était possible et conciliable avec une paix réelle et durable; mais les faits *publics et certains* qui viennent d'être énoncés, lui font perdre toute espérance, et, à son grand regret, il ne lui reste d'autres ressources que l'emploi des armes pour obtenir une paix sincère et durable entre les deux états. Cependant, pour faire hommage à S. M. de la considération distinguée qu'il mérite, pour lui manifester le vif désir qu'il a de donner des preuves signalées *de son amitié et de sa franchise* à l'illustre cabinet français, le gouvernement a résolu qu'il serait *rendu compte* de votre démarche à l'honorable assemblée des représentants de la province, avec les copies respectives des notes échangées dans cette affaire délicate, et que V. E. *serait instruite de l'honorable résolution* qui serait prise (**).

Que Dieu garde V. E. un grand nombre d'années.

Felipe ARANA.

Note du vice-président de Montevideo à l'assemblée générale.

Montevideo, 25 octobre 1842.

Le pouvoir exécutif de la République a l'honneur de s'adresser à l'honorable assemblée générale pour lui faire part du résultat de la médiation que MM. les ministres de S. M. B. et de S. M. le roi des Français ont formellement offerte au gouvernement de Buenos-Ayres, par ordre de leurs cours respectives.

Le gouvernement de S. M. B. désirant employer sa puissante influence en faveur de l'humanité affligée, par la guerre entre la république de l'Uruguay et Buenos-Ayres, invita celui de S. M. le roi des Français à s'unir à lui pour offrir ensemble aux gouverne-

(*) On voit que, même en s'adressant à notre ministre, Rosas n'a pu cacher sa haine contre tous les étrangers.

(**) Quelle insultante ironie!

ments belligérants leur respectable médiation, et S. M. le roi des Français y ayant consenti avec empressement, les deux ministres respectifs reçurent l'ordre d'offrir ensemble, et d'un commun accord, la médiation de leurs augustes souverains.

Le gouvernement de la République, qui auparavant avait demandé celle de S. M. B., laquelle fut offerte sans succès, ne pouvait la refuser sans inconséquence quand elle se présentait de nouveau ; et à peine fut-il instruit, par le ministre de S. M. B., de la nouvelle résolution des gouvernements anglais et français, qu'il déclara accepter cette nouvelle preuve d'intérêt et d'amitié que ces deux puissants gouvernements proposaient de lui donner. En conséquence, dès que M. le comte de Lurde, ministre plénipotentiaire de S. M. le roi des Français près le gouvernement de Buenos-Ayres, fut arrivé dans le Rio de la Plata, les deux ministres firent ensemble une nouvelle et formelle offre de la médiation de leurs gouvernements respectifs, pour faire cesser la guerre qui existe entre les républiques de l'Uruguay et de Buenos-Ayres; démontrant l'opportunité et la nécessité d'admettre ce moyen honorable d'arrangement, par toutes les considérations que doivent inspirer les convenances, les intérêts des deux pays et ceux de l'humanité.

Le gouvernement de Buenos-Ayres, *après avoir fait attendre sa réponse* pendant cinquante jours, *a refusé d'accepter la médiation,* fondant ses motifs dans un long document que le gouvernement de la République a reçu officiellement.

Le pouvoir exécutif a considéré que le respect dû à la morale publique et à la dignité des hauts pouvoirs d'une nation civilisée, ne lui permet pas de transmettre à l'H. A. G. un document unique dans son genre, entièrement inusité par la diplomatie des peuples policés : c'est une irruption virulente de personnalités; c'est un manifeste de proscription contre le chef de l'État et contre tous ceux qui, de quelque manière que ce soit, contrarieraient les prétentions et les projets du gouverneur de Buenos-Ayres; c'est une révélation inhabile des principes qui ont dirigé le gouvernement actuel de Buenos-Ayres dans ses relations avec les puissances européennes, et de ses projets sur ce pays.

Il suffira sans doute à l'H. A. G. de savoir qu'il n'y a pas de paix à espérer avec le gouverneur de Buenos-Ayres ; dans sa réponse aux ministres qui lui ont offert la médiation, il a ratifié le terrible dilemne que le P. E. annonça aux HH. CC., par son message du 16 février dernier : *Lui ou nous*. Il ne nous laisse pas d'autre alternative ; notre choix n'est pas douteux.

L'honorable A. G. voit que la guerre va se prolonger plus que le pouvoir exécutif ne l'avait d'abord pensé ; il avait cru un moment que le gouverneur de Buenos-Ayres respecterait l'interposition de deux grandes puissances, et il n'hésita pas à vous témoigner, dans son dernier message, l'espérance fondée qu'il avait d'une paix prompte et durable ; mais il voit maintenant avec peine qu'il faisait trop d'honneur à son implacable ennemi.

La guerre, H. A., continuera avec vigueur et, s'il plaît au ciel, avec bon succès. La République possède une armée nombreuse, enthousiaste et vaillante ; elle a un général habile, éprouvé par trente ans de combats, et des alliés fidèles, compromis et intéressés comme nous, à faire disparaître l'ennemi de la tranquillité publique. Il nous faudra faire de nouveaux èt grands sacrifices ; le gouvernement vous soumettra, sous peu, les mesures par lesquelles il pourra se procurer les ressources nécessaires pour soutenir cette guerre impolitique, injuste, inhumaine, que nous fait le gouverneur de Buenos-Ayres.

Que Dieu garde l'H. A. G. beaucoup d'années.

Signé, JOAQUIN SUAREZ.

Signé, FRANCISCO A. VIDAL.

Lettre du ministre de Montevideo au général Rivera.

Montevideo, le 25 octobre 1842.

Le soussigné ministre général a l'honneur de s'adresser à S. E. le président de la République, général en chef de l'armée combinée, en opération dans l'Entré-Rios, pour lui remettre copie de la note qu'il a reçue hier de M. Mandeville, ministre de S. M. B. à Buenos-Ayres, et de la réponse donnée par M. Rosas à l'offre officielle de médiation faite par MM. les ministres anglais et français.

Le rejet que M. Rosas fait pour la seconde fois de la médiation était prévu par le gouvernement qui n'en a pas été surpris; ce qui l'a étonné, c'est de voir que M. Rosas ait été si maladroit dans sa réponse et qu'il ne se soit pas expliqué d'une toute autre manière. M. Rosas savait combien le gouvernement de S. M. B. s'était montré offensé, comme cela était naturel, du ton d'animosité personnelle qu'il manifesta en repoussant la première offre de médiation, et il était à supposer que, dans son propre intérêt et par considération pour les ministres médiateurs, il eût montré plus de dignité et respecté pour le moins les formes de civilité et de décence que toutes les nations civilisées respectent; mais il semble, au contraire, qu'il s'est étudié à être le plus inconvenant et le plus impoli possible, afin de les insulter davantage.

La réponse que M. Rosas a faite dans cette circonstance justifie notre cause et l'améliore aux yeux de toutes les nations; et malgré que ce soit avec peine que le gouvernement se décide à communiquer à V. E. *ce dégoûtant document*, afin de ne rien lui laisser ignorer concernant cette affaire, il est persuadé qu'il ne vous inspirera aucun autre sentiment que celui de la nécessité de purger l'Amérique d'un barbare hypocrite, qui ne peut souffrir ni les réputations qui l'offusquent, ni la prospérité de ses voisins, et ne peut vivre s'il n'est entouré de ruines, de sang et de terreur.

La réputation militaire de V. E. est une propriété et une gloire du pays, et le pays fera toujours ce qu'il doit pour la défendre et la soutenir. Ce ne sera pas M. Rosas, *célèbre seulement par ses atrocités*, qui pourra parvenir à l'obscurcir. Tout ce qui est personnel dans cet écrit sera méprisé par V. E., et, après sa lecture, vous resterez seulement convaincu qu'il n'y a point de paix à espérer avec Rosas, excepté celle que la République obtiendra par les armées que V. E. commande et par les sacrifices de tous les peuples compromis dans cette croisade d'humanité.

La présentation de cette affaire, que M. Rosas dit qu'il va faire à sa chambre des représentants, est une déception avec laquelle il veut assurément fatiguer la patience des minstres médiateurs, et ne serait que dérisoire, si elle ne rappelait le souvenir de scènes honteuses et horribles. Le spectre sanglant du président Maza est là pour donner une leçon éloquente au député qui oserait conserver encore quelque sentiment d'indépendance, et les scènes et les rugissements de sa *mas-horza*, lorsqu'il y présenta la question française, ont trop montré ce que l'on doit attendre de la chambre des représentants de Buenos-Ayres.

Le gouvernement pense donc que les résultats ultérieurs de la médiation doivent provenir dorénavant du sentiment de dignité dont on doit supposer les hautes puissances médiatrices pénétrées ; tandis que les efforts de l'armée, sous les ordres de V. E., prépareront une paix qui est incompatible avec le caractère, les principes et le système de M. Rosas.

Que Dieu garde V. E. beaucoup d'années.

Signé, FRANCISCO A. VIDAL.

NOTA. Rosas présenta effectivement cette affaire à ses chambres vers le milieu de novembre; nous regrettons de ne pouvoir publier ici quelques fragments des discours furibonds qui furent alors prononcés pendant plusieurs jours par ordre de Rosas. On épuisa le dictionnaire des injures contre l'*infâme Rivera* et les *sauvages unitaires;* depuis on se déchaîna surtout contre *tous les étrangers* qui voulaient les protéger *par leur médiation*, ensuite les *mashorqueros* parcoururent les rues, la menace à la bouche et le poignard à la main; ils vinrent jusque sous les fenêtres des ministres les étourdir de leurs vociférations impuissantes; mais ils se gardèrent bien de frapper, car ils savaient que les étrangers s'étaient préparés à les bien recevoir; cependant les ministres médiateurs ne purent souffrir de pareilles insultes sans faire des réclamations. Voici celle de M. de Lurde :

A S. E. M. Arana, ministre des relations extérieures de Buenos-Ayres.

Buenos-Ayres, 18 novembre 1842.

Monsieur,

Les scènes de désordre qui ont eu lieu publiquement à Buenos-Ayres me mettent dans la pénible nécessité d'en entretenir V. E., en sollicitant à cet égard sa plus sérieuse attention. Des groupes plus ou moins nombreux ont pu parcourir *librement* les rues de la ville en proférant des cris de mort contre les étrangers. Les cris de : *Mort aux Français! mort aux Basques!* ont été prononcés. Si des démonstrations aussi coupables n'émanaient que de quelques misérables, isolés ou inconnus, elles ne pourraient inspirer autre chose qu'un profond mépris. Mais elles prennent une importance toute autre lorsqu'il est notoire que des *employés du gouvernement*, dont le devoir était de les empêcher, ont aidé à leur accomplissement, et que des individus, *connus depuis long-temps* par les antécédents les plus fâcheux, ont pris à ces désordres une part active. Je connais assez les sentiments de V. E., et j'ai assez présentes à la mémoire les explications *aussi franches que bienveillantes*, que j'ai eu l'honneur d'entendre, à mon arrivée ici, de la bouche de S. E. M. le gouverneur, pour n'être pas convaincu *des regrets* que des excès si coupables lui inspirent, aussi bien qu'à vous. C'est donc avec une entière confiance que je prie V. E. de vouloir bien me faire connaître les résolutions que le gouvernement de Buenos-Ayres a l'intention de prendre pour punir les coupables et pour éviter la répétition de désordres qui pourraient entraîner avec eux des *conséquences si graves*, que je me regarderais comme heureux de pouvoir les éviter.

Acceptez, Monsieur, l'assurance de ma haute considération.

Signé, Comte DE LURDE.

VIVE LA FÉDÉRATION!

A. S. E. M. le comte de Lurde, ministre plénipotentiaire de S. M. le roi des Français.

Buenos-Ayres, 24 novembre 1842, an 33e de la liberté, 27e de l'indépendance et 13e de la Confédération Argentine.

Le soussigné a porté à la connaissance de S. E. le gouverneur et capitaine général de la province, la note du 18 courant, où V. E. manifeste la pénible nécessité, etc., etc.

S. E. M. le gouverneur a ordonné au soussigné de manifester à V. E. son estime particulière pour la justice distinguée qu'elle rend à la franchise et à la sincérité de ses sentiments et de lui assurer que la politique du gouvernement, à l'égard des étrangers pacifiques qui respectent les lois du pays, sera toujours assez bienveillante pour qu'il se flatte que V. E. n'aura pas la douleur de la voir altérer.

Le gouvernement de ce pays *n'a été instruit en rien, par le département de la police, ni par aucune autre autorité,* des cris de mort qui ont été prononcés contre les étrangers, les Français, ni les Basques; si quelques cris ont été proférés, ce sont des cris isolés et *sans conséquence,* et S. E. ne les laissera pas impunis, s'il apprend les noms de ceux qui les ont prononcés, parce que, bien que ces cris exprimassent seulement un sentiment de haine contre *quelques étrangers* notoirement dangereux, qui se vantent de la part active qu'ils prennent aux questions politiques du pays, de leur opposition contre le gouvernement, et de leur adhésion aux principes des *sauvages unitaires* (*); S. E. M. le gouverneur a consigné dans ses actes administratifs les preuves les moins équivoques de son amour persévérant *pour l'ordre et le respect dû aux personnes et aux propriétés,* en laissant à l'autorité le soin de punir les coupables.

C'est pourquoi il a ordonné au soussigné d'affirmer également à V. E. que si quelqu'un de vos compatriotes a été insulté ou violenté, il peut se présenter, *avec sécurité et confiance,* devant les tribunaux du pays, où il trouvera *une impartiale et sévère justice* (**); et qu'il a donné des ordres positifs à la police, pour

(*) Rosas n'a pas osé dire ici toute la vérité : ce ne sont pas *quelques étrangers* qui désapprouvent son système sanguinaire, mais la totalité qui, sauf quelques malheureuses exceptions, désire ardemment voir prévaloir enfin, non pas tel ou tel parti, mais un gouvernement éclairé, humain, libéral et ami de la civilisation.

(**) Malheur à celui qui oserait le tenter! Toute cette note n'est qu'une dérision. Nous reproduirons dans une publication subséquente, la plainte portée devant M. de Lurde par un sujet français attaqué dans sa maison, couvert de blessures et jeté presque mourant dans un cachot, où il est resté plus de cinquante jours, sans même pouvoir y obtenir les secours d'un mé-ecin.

empêcher tout désordre qui pourrait survenir, voulant que rien ne troublât *la sécurité dans laquelle doivent reposer* les étrangers pacifiques qui résident dans cette cité, et qu'on ne puisse mettre en doute l'esprit de bienveillance que ce gouvernement a manifesté vis-à-vis de ceux d'entre eux qui se sont conduits dans la limite de leurs devoirs.

Le soussigné, en terminant cette note, remercie M. le ministre des expressions bienveillantes dont il l'a honoré dans la note à laquelle il a l'honneur de répondre.

Que Dieu garde V. E. de nombreuses années.

Signé, Felipe Arana.

Nota. Le même jour, 24 novembre 1842, le ministre Arana communiqua aux médiateurs, par une courte note, dont le texte est inutile ici, le décret de la chambre des représentants qui approuve le rejet de la médiation, fait par Rosas, ainsi que son manifeste à ce sujet, dont voici la *traduction* :

VIVE LA CONFÉDÉRATION ARGENTINE !

MORT AUX SAUVAGES UNITAIRES !

Le président de l'honorable assemblée des représentants à l'excellentissime M. le gouverneur et capitaine général de la province, notre illustre restaurateur des lois, héros du désert, défenseur héroïque de l'indépendance américaine, directeur des relations extérieures de la République, brigadier général Don Juan Manuel de Rosas.

Buenos-Ayres, 15 novembre 1842, an 33e de la liberté, 27e de l'indépendance et 13e de la Confédération Argentine.

L'honorable junte des représentants a eu l'honneur de recevoir la communication que V. E. a bien voulu lui adresser, datée du 26 du mois de Rosas (*), contenant les copies léga-

(*) Ce nom a été donné, par un décret de la chambre, au mois d'*octobre*, pour célébrer l'époque où Rosas a obtenu un traité de paix avec la France.

lisées en notes qui ont été échangées entre LL. EE. MM. les ministres plénipotentiaires de LL. MM. le roi des Français et la reine de la Grande-Bretagne, d'une part, de M. le ministre des relations extérieures de la République, d'autre part, les premiers offrant la médiation de leurs gouvernements repectifs pour terminer la guerre, et le second exposant les motifs qui par malheur rendent nécessaire sa continuation.

La chambre a médité attentivement l'affaire importante qui donne matière à cette correspondance : elle a considéré aussi la note par laquelle V. E. la lui remet et lui exprime que personne plus que le gouvernement ne déplore la continuation de la guerre; qu'animé de ce sentiment, ainsi que de la plus cordiale bienveillance envers les hautes puissances médiatrices, il éprouve un profond chagrin de n'avoir pas eu le bonheur de pouvoir trouver un seul moyen possible d'opérer un arrangement pacifique et durable; qu'enfin, après avoir exposé franchement à MM. les ministres plénipotentiaires les exigences impérieuses qui l'obligent à ne pas déposer les armes, avant d'avoir obtenu une paix solide et véritable, il espère que leurs gouvernements estimeront convenablement *la noble sincérité* avec laquelle il a répondu *à leur puissante médiation*. L'honorable junte, bien pénétrée de tout, a décidé qu'elle adresserait à V. E. le présent manifeste qui contient son opinion et sa résolution (*).

Les efforts des cabinets de Saint-James et des Tuileries pour terminer la guerre désastreuse qui nous afflige, méritent une haute estime de la part des Argentins; les représentants de la province de Buenos-Ayres s'empressent de leur rendre ce témoignage solennel de leur gratitude. Mais, en même temps qu'ils font honneur à un aussi noble procédé, ils sentent amèrement que la nécessité même de son existence empêche la confédération argentine d'accepter ces officieux services. Si la nécessité même de son existence, comme cela est aussi réel que douloureux, est évidemment reconnue par tous ceux qui voient de près les événements, il est juste d'espérer que l'exposition bien

(*) Il n'est pas difficile de reconnaître que tout ce manifeste a été rédigé d'avance, mot à mot, par ordre de Rosas.

fondée, en date du 18 du mois dernier, adressée par ordre de V. E. aux ministres plénipotentiaires, convaincra également les cabinets qu'ils représentent.

En effet, ce n'est pas contre le peuple oriental que se dirige cette guerre provoquée que la Confédération Argentine fait aujourd'hui. Mille glorieux souvenirs, mille titres puissants, assurent une paix imperturbable entre les deux Républiques. Argentins et Orientaux s'émancipèrent ensemble de la tutelle sous laquelle ils végétaient, et ils se formèrent ensemble dans les combats de l'indépendance; Argentins et Orientaux réunis combattirent plus tard pour recouvrer l'indépendance usurpée des derniers. Argentins et Orientaux viennent encore de combattre ensemble, *pour la liberté*, dans les champs de la confédération, contre les *sauvages unitaires*, ennemis des uns comme des autres; et unis aujourd'hui même, ils désirent ardemment le signal, pour se lancer sur eux et les chasser de leur dernier asile: Argentins et Orientaux formeront bientôt de l'une et l'autre rive de la Plata, la demeure enviée des lois, de la liberté, de l'abondance et de la paix.

Le but de la confédération n'est pas d'usurper aux Orientaux la légitime faculté de déterminer eux-mêmes leur forme de gouvernement, et de nommer leurs gouvernants. Aucune nation ne peut se glorifier d'une plus grande libéralité que les Argentins à cet égard, et l'histoire de ses armes triomphantes honorera toujours la circonspection sévère avec laquelle ils se sont abstenus d'influencer l'exercice de la souveraineté des divers états à la naissance desquels elle a contribué. S'il était nécessaire d'en citer des exemples, l'État Oriental lui-même nous en offrirait un frappant: en 1830, Fructuoso Rivera, homme d'une immoralité notoire, traître à sa patrie et ennemi invétéré du nom argentin, se fit nommer son premier président; les services prêtés par la confédération à ce naissant et faible Etat étaient encore tout récents; V. E. se trouvait déjà alors à la tête de cette province qui, unie, compacte et forte, brûlait comme aujourd'hui du patriotisme fédéral: rien n'aurait été plus facile à V. E. que d'employer l'influence de son nom et de sa gloire pour prévenir ou *rompre cet acte*: cependant, respectant *jusqu'au scrupule* l'indépendance de la nouvelle République, V. E. se *résigna* aux conséquences d'une élection aussi alarmante que fatale.

Il est nécessaire de rappeler dans cette circonstance solennelle, que la guerre actuelle fut commencée par la horde unitaire; que c'est contre elle que la confédération la développe, et que son unique objet est *la totale destruction de cette horde féroce et sauvage,* dont l'existence est devenue inconciliable avec la paix et la sûreté de la République; malheureusement il fut un temps où les unitaires dirigèrent les destinées de ce pays, jusqu'à ce que les peuples, fatigués de leur ineptie et de leur corruption, les séparèrent du pouvoir *d'une manière pacifique,* mais décisive, et les remplacèrent par les fédéraux. Alors ceux-là (qui, aussi orgueilleux qu'imbécilles, prétendaient posséder exclusivement les talents nécessaires pour gouverner cette terre) se lancèrent sur ses institutions et s'emparèrent du gouvernement au moyen de la révolte militaire du 1er décembre 1828 : depuis ce jour date la guerre actuelle; elle eut son origine sur la grande place de Buenos-Ayres. L'histoire a consigné les atrocités que les *sauvages unitaires* révoltés commirent sur leurs compatriotes surpris, et entre autres l'assassinat de l'illustre chef de l'État y occupera toujours une place déplorable. La divine Providence, au milieu d'un si cruel conflit, suscita visiblement un citoyen *né pour la gloire de sa patrie* et le châtiment des coupables: *un citoyen, un génie,* qui profitant de la popularité que ses *qualités magnanimes* excitaient et de la place que l'autorité légitime lui avait confiée, se mit à la tête de ses compatriotes sans défense, battit personnellement les rebelles dans cette province, puis dirigea leur déroute sur les autres points de la République qu'ils avaient soulevés. L'opinion publique le salua alors du renom mérité et expressif de *Restaurateur des lois.*

Vaincus et dispersés, les restes des *sauvages unitaires* s'enfuirent à l'État Oriental, laissant, par leur folle ambition, toute l'étendue de la République teinte de sang, et ses habitants animés du plus vif ressentiment contre eux. Là, ils furent accueillis par Rivera, alors président, avec toute la sympathie que les crimes dont ils s'étaient couverts et les maux qu'ils avaient causés à la confédération lui inspiraient. Rivera les arma de nouveau, et avec l'audace la plus scandaleuse les mit à même de pouvoir envahir par trois fois la province d'Entre-Rios : oui, Rivera, par leur moyen, viola trois fois, au milieu de la paix, le territoire argentin ! Mais ces hordes barbares, également repoussées trois fois, ne cessèrent leurs incursions que lorsque Rivera cessa de commander. Alors les *sauvages unitaires* organisèrent de nombreuses loges à Montevideo et sur d'autres points de l'État Oriental, puis, à la faveur de leur proximité, ils s'occupèrent à tramer des complots contre la vie des plus illustres fédéraux, à susciter des tumultes dans l'intérieur de la confédération, *à fausser l'opinion publique*, à pervertir les esprits, à envenimer toutes les relations, se servant pour cela de la fausseté et du mensonge, de tout ce qu'il y a de plus immoral, de plus vil et de plus misérable parmi ce que peut avorter la perversité humaine. La confédération eut à soutenir, pendant toute cette période, une guerre vive, quoique sourde, contre ces moyens si réprouvés, dont les cruels ravages la maintinrent dans de continuelles alarmes et agitations.

M. le brigadier général *Don Manuel Oribe*, élevé à la présidence de l'État Oriental par le plus libre suffrage de ses compatriotes, conformément à la constitution, s'efforça d'arrêter l'audace insolente des émigrés unitaires ; mais ceux-ci, enrolés par Rivera, se soulevèrent contre son autorité, et malgré que deux ans de luttes ne leur donnassent pas la force nécessaire pour dominer, le blocus des ports argentins, qui eut lieu à la même époque, par l'escadre française, *et les armes de cette nation*, décidèrent la question entre le gouvernement légal de cet état et Rivera. Bien entendu que les *sauvages, immondes et dégradés unitaires*, indignes du nom argentin, ne balancèrent pas *à s'allier* aux forces étrangères pour hostiliser leur patrie, commettant ainsi une infamie inconnue dans les républiques de l'Amérique. Rivera de son côté remplit amplement les espérances qu'*on* avait fondées sur lui : lâchement *il déclara la guerre à la confédération*, dans les moments critiques où elle luttait contre un pouvoir prépondérant; puis à sa voix, et avec le secours le plus positif *de la nation étrangère*, de nombreuses hordes de rebelles unitaires nous envahirent. Alors *la terre ar-*

gentine frémit sous le poids de tant de *pouvoirs combinés*, et *l'humanité se troubla* à l'aspect des nouvelles horreurs qui l'assaillaient. Mais, par bonheur, c'était V. E. qui se trouvait à la tête de la patrie, dans ce danger, le plus imminent sans doute de tous ceux qui l'avaient jusque là menacée ; son âme de feu sut électriser les fédéraux, et ceux-ci marchèrent au combat pour accomplir leur serment solennel de *l'Indépendance, la Fédération ou la Mort !*

Et ils l'accomplirent : Sauce-Grande, Quebrachito, Sancala, San-Juan, Monte-Grande, Rodeo-del-Medio, San-Pedrito, Arauco, et tant d'autres noms célèbres, immortaliseront les triomphes des fédéraux et la gloire de V. E. Mais au milieu de tant de lauriers, la république apparaît ruinée par la guerre fatale que l'invasion nous apporta : les champs détruits, la charrue brisée, l'atelier désert, le commerce interrompu, les sciences abandonnées, des milliers de citoyens sous les armes, des veuves et des orphelins en deuil, ce cruel malaise que nous ressentons à la vue de tant de maux ; tout cela est dû à la furieuse ambition des unitaires, tout est leur œuvre et celle de leur vil chef, *le fameux bandit Rivera.*

Réduits maintenant à leurs derniers retranchements, enfermés dans l'État Oriental, qui depuis si long-temps sert de quartier-général à leurs manœuvres, ils demandent la paix et *compromettent* à cet effet le zèle généreux de deux hautes puissances. Mais la paix, qui résonne aujourd'hui sur leur lèvres déloyales, ne serait jamais qu'une trève, une trève fatale pour la Confédération Argentine. Si on la signait : terrible serait le désespoir des citoyens armés qui ont abandonné leurs fortunes, leurs familles et tout ce qu'il y a de plus cher pour l'homme ; qui, prodiguant leur sueur et leur sang, ont amené *la cause de la justice* au point culminant où elle brille aujourd'hui ; terrible serait le désespoir de tous les fédéraux qui, après tant de mérites, tant de souffrances, verraient disparaître tout à coup l'espérance fondée d'un avenir heureux et tranquille : ils brûleraient tous d'indignation, l'ordre en serait troublé sans doute, et qui sait jusqu'où se porterait *la colère indomptable du peuple.*

Quatorze ans de dures épreuves nous disent, d'une voix

ferme, que la paix est impossible pour la Confédération Argentine, *tant que l'usurpateur Rivera et les traîtres sauvages unitaires* influeront sur les destinées de la République Orientale de l'Uruguay. Tel est le jugement de la province de Buenos-Ayres : que nos armes, *et seulement elles*, donnent promptement à cette terre fatiguée une véritable paix : telle est sa résolution. En la proclamant, ses représentants sentent bouillir leur sang dans leurs veines avec une force insolite, et remplis d'une sainte ardeur de la justice, ils acceptent toute la responsabilité d'une aussi solennelle détermination.

L'H. Junte recommande à V. E. de vouloir bien donner à ce *manifeste* la plus grande publicité possible.

Que Dieu garde la vie importante de V. E. beaucoup d'années.

(*Suivent les signatures.*)

Note des médiateurs au sujet du manifeste précédent.

Buenos-Ayres, 26 novembre 1842.

A S. E. M. Arana, ministre des relations extérieures, etc.

Le soussigné a l'honneur d'accuser réception à S. E. M. Arana, ministre des relations extérieures, de la note du 24 de ce mois, qu'il lui a adressée, en lui transmettant les copies authentiques de la résolution et du décret que l'H. C. des représentants a rendus au sujet de la correspondance qui a eu lieu entre S. E. et le soussigné, médiateur au nom du gouvernement du roi des Français auprès du gouvernement argentin, dans la guerre qu'il soutient contre le président Rivera.

Le soussigné a lu, *avec un profond regret*, cette résolution et ce décret, et pour exécuter les ordres qu'il a reçus de son gouvernement, le soussigné doit informer le gouvernement argentin, que la protection des intérêts des sujets de S. M. établis sur la Plata, *pourra imposer au gouvernement de S. M.* la nécessité de recourir à d'autres mesures *pour détruire* les obstacles qui interrompent pour le moment la navigation pacifique de cette rivière.

Le soussigné a l'honneur de renouveler à S. E. M. Arana l'assurance de sa haute considération.

Signé, Comte de LURDE.

VIVE LA CONFÉDÉRATION !

A. S. E. M. le ministre plénipotentiaire de S. M. le roi des Français, comte de Lurde, etc.

Buenos-Ayres, 28 novembre 1842, an 33e de la liberté, 27e de l'indépendance et 13e de la Confédération argentine.

Ministère des relations extérieures du gouvernement de Buenos-Ayres.

Le soussigné a porté à la connaissance de S. E. le gouverneur et capitaine-général de la province, la note du 26 courant, dans laquelle V. E. annonce qu'elle a lu *avec un profond regret* la résolution et le décret de l'honorable chambre des représentants, au sujet de la haute médiation qui a été offerte, et que pour se conformer aux ordres de son gouvernement, elle doit informer le gouvernement argentin, que la protection des sujets de S. M. le roi des Français, établis sur la Plata, pourra imposer au gouvernement de S. M. la nécessité de recourir à d'autres mesures pour détruire les obstacles qui interrompent, pour le moment, la navigation pacifique de cette rivière.

En conséquence, le soussigné a reçu ordre de son gouvernement de dire à V. E., qu'il espère que les mesures annoncées seront conformes à la politique élevée que l'illustre cabinet de S. M. le roi des Français a accréditée dans ses relations avec la République Argentine, et que ces mesures ne pourront en rien lui être préjudiciables, ni compromettre sa dignité et son indépendance, que le gouvernement est chargé de soutenir.

Que Dieu garde V. E. de nombreuses années.

Signé : Felipe ARANA.

Intimation ou note du 16 *décembre* (*).

Buenos-Ayres, 16 décembre 1842.

A S. E. M. Arana, ministre des relations extérieures, etc.

L'intention des gouvernements de France et d'Angleterre étant d'adopter les mesures qu'ils considéreront nécessaires *pour empêcher la continuation des hostilités* entre les Républiques de Buenos-Ayres et de Montevideo, le soussigné, ministre plénipotentiaire de S. M. le roi des Français près la Confédération Argentine, a l'honneur, en vertu des instructions qu'il a reçues de son gouvernement, de représenter à S. E. M. Arana, que la guerre sanglante qui existe actuellement entre le gouvernement de Buenos-Ayres et celui de Montevideo, *doit cesser*, dans l'intérêt de l'humanité et dans l'intérêt des sujets français, anglais et autres étrangers résidant aujourd'hui dans le pays qui est le théâtre de la guerre, et dans ce but, le soussigné, ministre plénipotentiaire, réclame du gouvernement de Buenos-Ayres (**) :

1° *La cessation immédiate* des hostilités entre les forces argentines et celles de la République de l'Uruguay ;

2° Que les troupes de la République Argentine *rétrograderont sur leur territoire* dans le cas où elles auraient déjà passé la frontière (bien entendu que les troupes de la République de l'Uruguay adopteront la même conduite).

Le soussigné demande à S. E. une réponse le plus promptement possible, afin de savoir si l'intention du gouvernement de Buenos-Ayres est d'accéder à cette réclamation (***).

Signé, Comte DE LURDE.

(*) Des notes exactement semblables à toutes celles de M. de Lurde, relatives à la médiation, ont été adressées au gouvernement argentin par M. Mandeville, ministre anglais, qui a reçu également les mêmes réponses.

(**) La même intimation a été faite par les ministres médiateurs au gouvernement de Montevideo, qui *a accepté immédiatement* toutes les conditions proposées.

(***) La seule réponse *connue* faite par Rosas à cette note menaçante, a

DOCUMENT N° 16.

Les Français résidant sur le territoire de la république orientale de l'Uruguay à Son Altesse Royale le prince de Joinville.

Prince,

La Providence conduit V. A. R. à Rio de Janeiro comme pour mettre fin aux maux que nous souffrons depuis long-temps. V. A. R. ne les apprendra pas sans y prendre intérêt et, lorsqu'elle les connaîtra, elle s'empressera d'y apporter remède. La cruelle ambition d'un seul homme a mis la perturbation dans deux des plus riches républiques de l'Amérique méridionale. Depuis plus de cinq ans notre commerce éprouve des pertes considérables, soit à Buenos-Ayres, par un blocus de trente mois, soit ici, où nous sommes maintenant assiégés par les troupes du général Rosas, et menacés d'une ruine totale. La perte de nos biens n'est pas la seule que nous réserve le dictateur de la confédération argentine, il en veut aussi à nos existences, comme le verra V. A. R. par la circulaire adressée par le général Oribe, lieutenant de Rosas, et prenant indument le titre de président légal de l'état oriental, aux divers agents étrangers accrédités auprès de cette république. V. A. R. jugera par elle-même ce qu'on peut espérer d'un chef militaire qui s'exprime dans les termes qu'emploie le général Oribe. V. A. R. com-

été (après toutefois quelques moments d'hésitation) de donner ordre à ses troupes, sous les ordres d'Oribe, de consommer l'invasion de la République de l'Uruguay et de s'emparer de sa capitale par tous les moyens possibles. L'unique résultat de cette note, jusqu'à ce jour, n'a été que fatal, principalement aux étrangers; car, bien persuadés que la France et l'Angleterre réunies ne pouvaient reculer, après une telle démarche, sans perdre toute influence morale sur ces pays, de grandes spéculations commerciales eurent lieu en peu de jours, de graves intérêts s'engagèrent sans hésitation, et enfin chacun se *compromit* personnellement, ne craignant plus de montrer son aversion pour le système sanguinaire de Rosas et d'Oribe. Maintenant que le mal est fait... *Qui peut et doit le réparer?...*

prendra aussi combien notre position est critique, lorsqu'elle saura que la population française de Montevideo s'est levée en armes pour sa propre défense.

Avant d'en venir à une pareille extrémité, nous nous sommes adressés à M. le vice-amiral Massieu de Clerval, commandant en chef les forces navales françaises au Brésil et dans la Plata. Nous avons remis à M. l'amiral la respectueuse représentation dont nous avons l'honneur d'envoyer une copie à V. A. R. ; mais M. l'amiral nous a répondu qu'il ne pouvait rien faire pour nous, sinon nous recevoir à bord de ses navires, dans le cas où nous serions contraints d'abandonner le pays. Dans une alternative aussi déplorable, nous avons préféré prendre les armes et nous nous sommes organisés.

Abandonnés par notre consul, par le ministre de France accrédité à Buenos-Ayres et ne pouvant pas compter sur la protection efficace de l'amiral, dont le pavillon flotte sur notre rade, nous avons dû recourir à nos propres ressources, et nous avons levé un corps de volontaires. Beaucoup d'entre nous périront, sans doute, mais ils auront combattu pour leur liberté ; ils auront, avec l'aide de Dieu, délivré leurs frères ; ils mourront en dignes fils de la France.

Prince, le roi, votre auguste père, gémira profondément lorsqu'il apprendra qu'un si grand nombre de ses sujets, de ses enfants, ont trouvé la mort là où ils étaient venus exercer une industrie paisible. Il plaindra le sort de tant de victimes si prématurément enlevées à leurs familles, au beau pays qui les a vus naître, et dont le souvenir est le rêve de tous leurs instants. Cette douleur, V. A. R. peut l'épargner, peut-être, au cœur de notre souverain. Si V. A. R. daignait venir sur les lieux interroger les hommes et les faits, V. A. R. se convaincrait bientôt que nous n'avons fait que ce que nous devions faire.

Prince, nous n'avons pris les armes qu'à la dernière extrémité, et parce que nous n'avions aucun autre moyen de nous soustraire à la vengeance d'un tyran implacable, d'un tyran dont tous les efforts tendent à nous chasser d'un pays où beaucoup d'entre nous sont établis depuis longues années, où tous ont des intérêts, un avenir assuré. Nous avons pris les armes, mais pour sauver les jours de quinze mille Français, pour assurer la paix, notre plus cher désir, la paix, sans laquelle il n'est pas pour nous d'existence possible ici. Venez, prince, venez parmi nous pour nous éclairer de vos conseils, pour nous prouver que notre pays ne nous abandonne pas, pour nous dire que le roi reconnaît en nous des sujets fidèles, et la France des enfants dignes de sa protection. La politique a ses exigences, mais un cœur de prince, de marin et de Français, saura lever bien des obstacles; c'est à ces titres que nous avons placé en V. A. R. une confiance qui nous fera attendre les événements avec résignation, ou marcher au feu avec plus d'ardeur encore, parce que nous savons que V. A. R. aura quelque estime pour ceux qui survivront, et qu'elle ne refusera pas une larme à ceux qu'elle n'aura pu secourir.

Au moment où V. A. R. va contracter des nœuds qui devront embellir sa vie, nous joignons nos vœux à ceux que formeront tous les bons Français pour que cette union soit prospère. Une belle action ne peut qu'être favorable à l'avenir qui se prépare pour V. A. R. et le plus beau cadeau pour le mariage d'un prince sont les bénédictions que ne manquera pas d'attirer sur V. A. R. la protection qu'elle daignera accorder à une population tout entière.

Nous avons l'honneur d'être, avec le plus profond respect,

Prince,

De Votre Altesse Royale,

Les très humbles et très obéissants serviteurs.

Suivent les signatures.

Montevideo, le 20 mars 1843.

PARIS. — IMPRIMERIE DE MAULDE ET RENOU, RUE BAILLEUL, 9 ET 11. 1536

www.ingramcontent.com/pod-product-compliance
Ingram Content Group UK Ltd.
Pitfield, Milton Keynes, MK11 3LW, UK
UKHW031923260826
14628UKWH00003B/1386

9 782019 627799